독자의 1초를 아껴주는 정성!

세상이 아무리 바쁘게 돌아가더라도
책까지 아무렇게나 빨리 만들 수는 없습니다.
인스턴트 식품 같은 책보다는
오래 익힌 술이나 장맛이 밴 책을 만들고 싶습니다.
길벗이지톡은 독자여러분이 우리를 믿는다고 할 때 가장 행복합니다.
나를 아껴주는 어학도서, 길벗이지톡의 책을 만나보십시오.

독자의 1초를 아껴주는 정성을 만나보십시오.

———

미리 책을 읽고 따라해본 2만 베타테스터 여러분과
무따기 체험단, 길벗스쿨 엄마 2% 기획단,
시나공 평가단, 토익 배틀, 대학생 기자단까지!
믿을 수 있는 책을 함께 만들어주신 독자 여러분께 감사드립니다.

홈페이지의 '독자광장'에 오시면 책을 함께 만들 수 있습니다.
(주)도서출판길벗 www.gilbut.co.kr
길벗이지톡 www.gilbut.co.kr
길벗스쿨 www.gilbutschool.co.kr

---

mp3 파일 다운로드 안내

길벗이지톡(www.gilbut.co.kr) 회원(무료 가입)이 되시면 오디오 파일을 비롯하여 다양한 자료를 이용할 수 있습니다.

1단계	로그인 후 홈페이지 가운데 화면에 있는 SEARCH [＿＿＿＿] [검색] 에서 찾고자 하는 책이름을 입력하세요.
2단계	검색한 도서에 대한 자료를 다운로드 받으세요.

열정적인 토이커들을 위한 특별한 지원!

"시나공 토익 카페"에서 확인하세요

시나공 토익 카페에 무료로 회원 가입하고, 구매한 시나공 토익책을 등록하세요.
다양한 무료 콘텐츠 제공은 물론, 모르는 문제에 친절히 답해 드립니다.

시나공 도서관

시나공 토익책과 관련된 MP3 및 학습자료를
무료로 다운받을 수 있습니다.

묻고 답하기

모르는 부분이 있으면 자유롭게 질문해 주세요.
저자가 직접 친절하게 답해 드립니다.

토익 만점 공부방

토익 모의 실전 문제와 필수 단어, 시험장 정보,
학습법 등 시험에 필요한 유익한 자료가 가득합니다.

커뮤니티

시나공 토이커들의 자유로운 대화 공간입니다.
재미있는 설문조사, 푸짐한 이벤트에도 참여해보세요.

자세한 내용은 시나공 토익 카페에서 확인하세요. https://sinagong.gilbut.co.kr/toeic

시험에 나오는 것만 공부한다!

시나공
토익

문제만 읽어도

답이
보이는

PART 7

시나공 토익연구소 · 김병기 · 이관우 지음

길벗
이지:톡

시나공 토익 문제만 읽어도 답이 보이는 PART 7

초판 1쇄 발행 · 2020년 7월 13일

지은이 · 시나공 토익연구소, 김병기, 이관우
발행인 · 이종원
발행처 · (주) 도서출판 길벗
브랜드 · 길벗이지톡
출판사 등록일 · 1990년 12월 24일
주소 · 서울시 마포구 월드컵로 10길 56(서교동)
대표전화 · 02)332-0931 | **팩스** · 02)322-6766
홈페이지 · www.gilbut.co.kr | **이메일** · eztok@gilbut.co.kr

기획 및 책임편집 · 유현우(yhw5719@gilbut.co.kr) | **디자인** · 최주연 | **제작** · 이준호, 손일순, 이진혁
영업마케팅 · 김학흥, 장봉석 | **웹마케팅** · 이수미, 최소영 | **영업관리** · 심선숙 | **독자지원** · 송혜란, 정은주
전산편집 · 기본기획 | **CTP 출력 및 인쇄** · 북토리 | **제본** · 신정문화사

ISBN 979-11-6521-205-6   03740 (길벗 도서번호 301061)
정가 13,000원

이 도서의 국립중앙도서관 출판예정도서목록(CIP)은 서지정보유통지원시스템 홈페이지(http://seoji.nl.go.kr)와
국가자료공동목록시스템(http://www.nl.go.kr/kolisnet)에서 이용하실 수 있습니다. (CIP제어번호: CIP2020024903)

독자의 1초를 아껴주는 정성 길벗출판사

(주)도서출판 길벗 | IT실용, IT/일반 수험서, 경제경영, 취미실용, 인문교양(더퀘스트) **www.gilbut.co.kr**
길벗이지톡 | 어학단행본, 어학수험서 **www.eztok.co.kr**
길벗스쿨 | 국어학습, 수학학습, 어린이교양, 주니어 어학학습, 교과서 **www.gilbutschool.co.kr**

독자 서비스 이메일 · service@gilbut.co.kr | 페이스북 · www.facebook.com/hontoeic

토익 PART 7의 모든 것을 딱 한 권으로 정리한 전략서!

지난 2년여 간 저희 시나공 토익연구소에서는 주요 필진과 함께 토익 공부를 효율적으로 단기간에 끝낼 수 있도록 도움이 될 만한 콘텐츠를 연구해 왔고, 드디어 〈문제만 읽어도 답이 보이는 PART 7〉을 통해 그 결실을 맺게 되었습니다. 〈문제만 읽어도 답이 보이는 PART 7〉은 다음과 같은 특징을 지니고 있습니다.

1 ┃ 부담 없는 책 크기!

토익 수험서라면 으례 아주 두꺼운 기본서를 떠올릴 수 있습니다. 수험생들의 애로점 중의 하나가 이 무겁고 큰 책을 항상 지니고 다니면서 공부해야 한다는 점이었습니다. 따라서 수험생들의 이러한 애로점들을 고려하여 책의 크기를 확 줄였습니다. 이제 언제 어디서나 편하게 들고 다니면서 공부하실 수 있습니다.

2 ┃ 토익을 가볍게 끝낼 수 있도록 최적화된 구성!

자격증도 따야 하고, 아르바이트도 해야 하는 바쁜 수험생들이 따로 짬을 내어 토익 공부를 하는 일은 생각보다 쉽지 않습니다. 이 책은 그토록 바쁜 수험생들을 위해 기획되었습니다. 가볍게 들고 다니면서 친구나 지하철을 기다릴 때, 혹은 식사를 하면서 매일 조금씩 진도를 나가보세요. 언제 끝난지도 모르게 PART 7 공부가 완성되어 있을 것입니다.

3 ┃ 시간이 부족한 PART 7에서의 고득점이 가능한 모든 핵심 요령의 집합소!

정기토익을 한 번이라도 치른 수험생이라면 끝도 없이 펼쳐져 나오는 지문들에 기가 질려버린 경험을 해보았을 것입니다. PART 7은 독해 능력뿐 아니라 어휘도 많이 알고 있어야 하지만 이러한 능력을 갖추었더라도 정작 시간이 모자라 몇 문제는 그냥 찍는 경우도 허다합니다. 즉 독해 능력만으로는 해결할 수 없는 PART 7만의 요령과 기술이 반드시 필요합니다. 이 책은 그러한 상황에 대비하여 PART 7을 효율적으로 해결할 수 있는 요령과 기술을 모두 담아냈습니다.

아무쪼록 이 책을 통해 수험생들이 하루라도 빨리 토익에서 해방될 수 있도록 저희 연구소 직원들 모두 수험생 여러분을 응원하겠습니다.

2020년 5월 **시나공 토익연구소 직원 일동**

더 이상 지문을 대할 때 막막하지 않아요!

PART 7의 문제 유형과 지문 유형별로 선별된 문제들이 이해하기 쉽게 설명되어 있고, 큼직하게 제시된 해결 전략이 눈에 확 띄었습니다. PART 7의 길고 난해한 지문들을 신속하고 정확하게 푸는 방법을 알고 싶다면 이 책을 강력 추천합니다.

이라희 (대학생)

PART 7 때문에 고득점이 어려웠던 수험생에게 적극 추천합니다!

토익시험을 앞두고 단기간이라도 열심히 공부했었지만 PART 7은 별로 효과가 없더라구요. 이 책의 독자 체험을 통해 PART 7 안에 포함된 다양한 지문의 종류를 더 세분화해서 특색에 맞게 공부할 수 있는 경험을 했어요.

노세란 (대학생)

가벼운 무게, 작지만 알찬 구성! 정말 완벽한 토익 교재입니다!

이 책의 강점은 풍부한 예제라고 생각합니다. 문제 유형뿐 아니라 지문 유형까지도 세세하게 대응법을 제시한 게 인상적이었어요. 게다가 지문에 자주 나오는 빈출 어휘를 유형별로 묶어 정리해 주니 단어장이 따로 필요 없을 정도였습니다.

김수경 (직장인)

요령을 익히고 나니 독해 문제가 힘들지 않아요!

수능 영어를 공부할 때부터 늘 독해 문제를 힘들어 했는데, 이 책을 통해 더 이상 독해가 힘들지 않게 되었어요. 무작정 지문을 꼼꼼이 다 읽는 것만이 능사가 아니라는 사실을 깨닫게 되었거든요. 이 책의 요령대로 시험을 치르니 이전보다 정답률이 50%는 올라간 거 같아요.

전아영 (대학생)

이제는 더 이상 PART 7 문제가 힘들고 지루하지 않아요!

저는 토익 중에서 PART 7이 가장 풀기 힘들었어요. 일단 지문이 너무 많고, 시간도 상당히 부족했거든요. 어떻게 하면 PART 7을 좀더 손쉽게 풀 수 있을까 고민하던 차에 이 책의 독자 체험단에 참여하게 되었습니다. 이 책은 한줄기 광명 같은 느낌을 주었어요.

이정화 (대학생)

문제를 어떤 순서로 접근해야 하는지 알려 주는 책!

RC에서 PART 7이 가장 어려운 부분이었는데, 혼자 지문을 분석하다가 이 책의 상세하고 효율적인 풀이 과정을 통해 막히는 부분들을 빠르게 해결할 수 있었습니다. 그리고 문제를 어떤 순서로 접근해야 시험장에서 시간을 효율적으로 쓸 수 있는지도 알 수 있어서 너무 좋았습니다.

박상배 (대학생)

PART 7도 혼자 할 수 있다는 자신감을 얻었어요!

이 책을 통해 PART 7에서 접근하기 어려웠던 장문 문제를 어떻게 풀어야 하는지 배울 수 있었습니다. 단일 지문, 이중 지문, 삼중 지문의 유형별 풀이 방법을 익힐 수 있었고, 문제별로도 상세히 분석하여 제시한 해결 전략이 너무도 많은 도움이 되었습니다.

이민경 (대학생)

기존 토익 교재들과 확실히 차별화되는 책이네요!

풀이 공략만 달랑 제시하고 정작 그 뒤에 문제를 풀 때는 수험생들이 알아서 풀어야 하는 게 일반 토익 교재들의 흐름이었습니다. 그런데 이 책은 먼저 해결 전략을 제시하고 그 전략의 원리를 예제를 통해 확실하게 이해시켜 준다는 느낌을 받았습니다.

이주희 (직장인)

문제만 읽어도 답이 보이는 방법이 듬뿍 담긴 책!

〈문제만 읽어도 답이 보이는 PART 7〉은 크게 3개의 장으로 이루어져 있습니다. 먼저 PART 7의 특징 및 유형 소개를 한 후 문제를 유형별, 지문별로 어떻게 푸는 게 효율적인지에 대해 설명합니다. 그 후 각 문제 유형과 지문 유형별로 해결 전략들을 차례로 제시하였습니다.

1 I PART 7의 특징 및 유형 소개

✓ 이 책에서는 먼저 PART 7의 특징 및 문제 풀이 순서들을 제시하였습니다. PART 7은 지문 1개에 적게는 2개, 많게는 5개의 문제가 딸려 나옵니다. 이 문제들을 어떤 요령과 순서로 풀어야 하는지 그 방법을 자세하게 제시하였습니다.

2 I 문제 유형별 해결 전략과 예제

✓ PART 7의 문제 유형을 총 9개로 나누어 각 유형별로 어떻게 지문을 대하고 문제를 효율적으로 풀어야 하는지에 대한 방법을 제시하였습니다. 말 그대로 문제만 읽어도 답이 보일 수 있도록 구성하였습니다.

3 ㅣ 지문 유형별 해결 전략과 예제

✓ PART 7은 문제 유형뿐만 아니라 각 지문의 종류와 특성까지도 분석해 놓았습니다. 각 지문이 어떤 흐름으로 전개되는지 미리 파악하고 문제를 대한다면 훨씬 정답의 단서를 빠르게 찾을 수 있을 것입니다.

4 ㅣ 실전 모의고사로 마무리

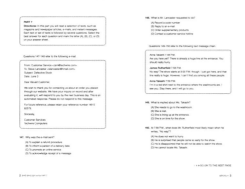

✓ 책의 본문 내용을 모두 학습했다면 이번에는 실제로 본인의 실력을 테스트해 보아야 합니다. 시나공 토익 홈페이지에서 무료로 제공하는 모의고사 1세트를 다운로드하여 학습 후 실력 점검을 할 수 있도록 하였습니다.

5 ㅣ 명쾌하고 자세한 해설집

✓ 교재 뒷부분에는 시나공 토익이 가장 자랑스럽게 내세워 왔던 자세한 해설을 수록하였습니다. 그리하여 맞힌 문제는 본인이 생각한 의도대로 푼 것인지, 틀린 문제는 어떤 점이 원인이었는지를 자세하게 참조할 수 있도록 하였습니다.

토익이란?

TOEIC은 Test Of English for International Communication의 약자로 영어가 모국어가 아닌 사람들을 대상으로 언어의 주기능인 '커뮤니케이션' 능력을 중심으로 업무나 일상 생활에 필요한 실용 영어 능력을 평가하는 시험입니다. 비즈니스와 일상 생활에서 쓰이는 실용적인 주제들을 주로 다루고 있습니다.

시험의 출제 분야 및 특징

전문적인 비즈니스	연구, 제품 개발, 계약, 인수, 보증, 사업 계획, 이메일, 이사회, 노사 문제, 회의
제조	제품 조립, 공장 경영, 품질 관리
금융과 예산	투자, 세금, 회계, 청구
엔터테인먼트	영화, 음악, 예술, 전시, 대중 매체
사무실	임원회의, 위원회의, 편지, 메모, 전화, 팩스, E-mail, 사무 장비와 가구
연회	식사 예약, 장소 문의
인사	구인, 채용, 퇴직, 급여, 승진, 취업 지원과 자기소개
주택 / 기업 부동산	건축, 설계서, 구입과 임대, 전기와 가스 서비스
여행	기차, 비행기, 택시, 버스, 배, 유람선, 티켓, 일정, 역과 공항 안내, 자동차, 렌트, 호텔, 예약, 연기와 취소

토익에서는 특정 문화에 해당하는 내용이나 특정 분야의 전문 지식과 관련된 내용은 출제를 피하고 있으며, 여러 나라 인명, 지명 등이 골고루 등장합니다. 그리고 미국, 영국, 캐나다, 호주, 뉴질랜드 발음과 악센트를 골고루 출제하고 있습니다.

시험의 구성

구성	Part	내용		문항 수	시간	점수
Listening Comprehension	1	사진 묘사(사진 보고 올바른 설명 고르기)		6	45분	495점
	2	질의 응답(질문에 알맞은 답변 고르기)		25		
	3	짧은 대화(대화를 듣고 질문에 답변하기)		39	100	
	4	설명문(담화문을 듣고 질문에 답변하기)		30		
Reading Comprehension	5	단문 공란 채우기(문장 안의 빈칸에 알맞은 말 고르기)		30	75분	495점
	6	장문 공란 채우기(지문에 있는 빈칸에 알맞은 말 고르기)		16		
	7	독해	단일 지문(1개의 지문을 읽고 질문에 답변하기)	29	100	
			이중 지문(2개의 지문을 읽고 질문에 답변하기)	10		
			삼중 지문(3개의 지문을 읽고 질문에 답변하기)	15		
Total		7 Parts		200	120분	990점

시험 시간 안내

오전 시간	오후 시간	내용
9:30 ~ 9:45	2:30 ~ 2:45	답안지 배부 및 작성 Orientation
9:45 ~ 9:50	2:45 ~ 2:50	휴식 시간
9:50 ~ 10:05	2:50 ~ 3:05	1차 신분증 검사
10:05 ~ 10:10	3:05 ~ 3:10	문제지 배부 및 파본 확인
10:10 ~ 10:55	3:10 ~ 3:55	LC 시험 진행
10:55 ~ 12:10	3:55 ~ 5:10	RC 시험 진행 (2차 신분 확인)

토익 접수 방법

- **접수 기간 및 접수처 확인**: 인터넷 접수 기간을 한국 토익위원회 사이트(www.toeic.co.kr)에서 확인합니다.
- **접수 절차**: 사이트에서 인터넷 접수를 선택하고 시험일, 고사장, 개인 정보 등을 입력한 후 응시료를 지불합니다. 접수 시 필요한 사진은 최근 6개월 이내 촬영한 사진이어야 하며, JPG 형식으로 준비합니다.
- **특별 추가 접수**: 특별 접수 기간 내에 인터넷 접수로만 가능하며 응시료는 48,900원입니다.

시험 준비물

- **규정 신분증**: 주민등록증, 운전면허증, 공무원증, 기간 만료 전 여권, 초·중·고생의 경우는 TOEIC 정기시험 신분확인증명서, 학생증, 청소년증을 인정합니다. 신분증이 없으면 절대 시험을 볼 수 없습니다. 꼭 챙기세요! (대학생 학생증은 인정되지 않습니다.)
- **필기 도구**: 컴퓨터용 연필(굵게 만들어 놓으면 편합니다. 일반 연필이나 샤프도 가능하지만 사인펜은 사용 불가능합니다), 지우개 필수적으로 가져가세요.

입실 전 유의 사항

- 시험시간이 오전일 경우에는 9시 20분까지, 오후일 경우에는 오후 2시 20분까지 입실을 완료합니다.
- 오전 시험은 9시 50분, 오후 시험은 2시 50분 이후로는 절대로 입실을 할 수가 없으니 꼭 시간을 지켜야 합니다.

성적 확인 및 성적표 수령

- 성적은 정해진 성적 발표일 오전 6시부터 토익위원회 홈페이지(www.toeic.co.kr)와 ARS 060-800-0515를 통해 조회할 수 있습니다. (단, ARS 성적 확인에 동의한 수험자는 ARS로 성적 확인이 가능합니다.)
- 성적표 수령은 온라인 출력이나 우편 수령 중에서 선택할 수 있습니다.
- 온라인 출력 시 성적 유효기간 내에 홈페이지를 통해 출력 가능합니다.
- 우편 수령 시 성적 발표 후 접수 시 기입한 주소로 발송됩니다. (약 7 ~ 10일 소요)
- 온라인 출력과 우편 수령은 모두 1회 발급만 무료이며, 그 이후에는 유료입니다.

Contents

3장 **PART 7**
지문 유형별 해결 전략

정답 및 해설 200

＊ 이 책에서 제공하는 각종 학습 자료는 시나공 토익 홈페이지(www.eztok.co.kr)에서 무료로 다운로드하실 수 있습니다.

이 책을 소개할 때 책상에 앉아 작심하고 공부하는 것보다 하루 중 잠시 짬이 나는 자투리 시간을 최대한 활용하는 방법을 설명했지만 그래도 학습 계획을 잡고 공부하면 좀 더 효과적이겠죠? 4주 완성으로 잡은 아래와 같은 학습 계획을 따라서 꾸준히 진도를 나가 보세요!

	DAY 1	DAY 2	DAY 3	DAY 4	DAY 5
1주차	1장	2장 1강 ~ 2강	2장 3강 ~ 4강	2장 5강 ~ 6강	2장 7강 ~ 8강
	DAY 6	DAY 7	DAY 8	DAY 9	DAY 10
2주차	2장 9강	3장 1강	3장 2강	3장 3강	3장 4강
	DAY 11	DAY 12	DAY 13	DAY 14	DAY 15
3주차	3장 5강	3장 6강	3장 7강	3장 8강	3장 9강
	DAY 16	DAY 17	DAY 18	DAY 19	DAY 20
4주차	3장 10강	3장 11강	실전 모의고사	실전 모의고사 (147 ~ 175) 복습	실전 모의고사 (176 ~ 200) 복습

1장

PART 7의 특징 및
문제 풀이의 정석

PART 7의 특징

PART 7은 지문이 1개만 제시되는 단일 지문 29문제와 지문이 2개 이상 제시되는 이중 지문 10문제, 그리고 삼중 지문 15문제 등 총 54문제가 제시된다. 그리고 한 지문당 적게는 2개, 많게는 5개의 문제가 할당된다. 그런데 5개의 문제가 할당된 경우는 이중 지문과 삼중 지문일 때이므로 일단 단일 지문의 풀이 순서에선 2문제에서 4문제까지의 사례만 파악해 놓으면 된다. RC 총 75분 중 PART 5 & 6을 최소 25분 내에 마무리한다고 가정하고, 마킹 시간 5분을 빼면 PART 7에 할당된 시간은 약 45분이 된다. 즉 1문제당 약 50초 꼴로 해결해야 한다는 계산이 나온다. 이는 영어 문장을 우리말 읽듯이 자유롭게 대할 수 있는 사람들 외에는 상당히 빠듯한 시간이다. 실제로 많은 수험생들이 PART 7을 풀다가 시간에 쫓겨 뒷부분 5문제~10문제 정도는 그냥 찍고 나오는 경우가 허다하다. 결국 PART 7은 상당한 독해 실력도 수반되어야겠지만 무엇보다도 시간 싸움이 될 공산이 크다. 즉 누가 얼마나 시간을 효율적으로 활용하느냐에 따라 PART 7의 점수가 좌우된다. 그렇다면 이 시간을 어떻게 활용해야 PART 7을 모두 풀고 만족스럽게 시험장을 나올 수 있을 것인가? 물론 기본적으론 고득점을 획득할 만한 실력이 수반되어야겠지만 어떤 시험이든지 항상 그 시험에는 어느 정도의 요령과 기술도 분명 필요하다. 특히 토익 RC처럼 시간이 절대적으로 부족한 시험에서는 요령과 기술을 잘 익혀놓으면 실제로 도움 받을 수 있는 여지가 상당히 크다. 이제부터 PART 7 시험에 가장 최적화된 요령들을 습득하여 시간에 쫓기지 않고 무난하게 시험을 치를 수 있는 방법을 터득해 보도록 하자.

문제 풀이 순서의 요령

PART 7에는 크게 총 8개의 문제 유형이 등장한다. 그 유형은 아래와 같다.

❶ 유추 & 추론
❷ 세부 정보 파악
❸ 사실 확인(True / Not True)
❹ 주제 & 목적
❺ 동의어 파악
❻ 의도 파악
❼ 빈칸 추론
❽ 요청 & 제안

이들 가운데 비교적 쉽고 간단하게 해결할 수 있는 유형이 있는 반면, 지문의 여러 부분을 참조해야 하기 때문에 시간이 좀 걸리는 유형도 있다. 그 유형별로 나눠보면 아래와 같다.

① 비교적 쉽게 해결이 가능한 문제 유형	주제 & 목적	요청 & 제안	의도 파악	동의어 파악
② 시간이 오래 걸리고 까다로운 문제 유형	유추 & 추론	세부 정보 파악	사실 확인	빈칸 추론

사실 PART 7 문제 풀이 해결의 관건은 시간이 오래 걸리고 까다로운 유형임에는 분명하다. 하지만 실제 PART 7 시험에서는 이 8가지 유형이 골고루 섞여 나온다. 지문당 간단한 유형만 나오는 경우도, 까다로운 유형만 나오는 경우도 없다. 토익은 5가

지 능력(추론 능력 / 구체적 정보 파악 능력 / 연관정보 분석 파악 능력 / 어휘 능력 / 문법 능력)을 골고루 파악하고자 하는 의도가 담겨 있으므로 결코 어떤 한 유형만 집중적으로 몰아서 내지는 않는다. 물론 각 유형마다 대략적인 비중은 정해져 있다. 동의어 문제는 매회 시험마다 1~2문제에 그치지만 세부 정보 파악 문제는 그 범위가 비교적 넓은 편이기 때문에 약 35% 정도의 출제 비중을 차지하는 편이다. 어찌 됐건 PART 7의 특성상 한 지문당 여러 개의 문제 유형이 골고루 나온다는 특징을 염두에 두고 최대한 이런 부분까지 고려하여 문제 풀이 전략을 세우는 게 시간도 절약하면서 훨씬 더 효율적으로 정답을 찾아내는 데 도움이 될 것이다.

일단 이 8개의 유형을 효과적인 풀이 순서대로 나열하면 아래와 같다.

동의어 파악 ▶ 요청, 제안 ▶ 의도 파악 ▶ 세부 정보 파악 ▶ 사실 확인 ▶ 유추, 추론 ▶ 주제, 목적 ▶ 빈칸 추론

1. 단서의 위치가 비교적 한정되어 있는 간단한 문제 유형부터 먼저 접근하라!

토익 PART 7에서 대표적으로 간단하게 해결할 수 있는 유형은 동의어와 요청 & 제안, 그리고 의도 파악이다. 동의어는 지문에서의 위치가 어딘지 문제에서 바로 알려주므로 그 문장의 앞뒤 문장만 집중적으로 파고들어도 웬만하면 정답을 유추할 수 있다. 또한 요청 & 제안은 유형의 성격상 지문의 후반부, 즉 Please ~나 I would like to ~ 등 요청이나 제안의 단서가 되는 부분을 탐색하면 정답이 보인다. 또한 의도 파악을 예상 외로 어려워하는 수험생들이 있지만 어찌 됐건 핵심은 의도 파악 문장의 전후 문장들이다. 그리고 전후 문장에서도 단서가 모호하면 그 앞 문장이나 뒤 문장을 더 참조하며 해결의 실마리를 찾을 수 있다. 이처럼 비교적 단서의 위치가 한정된 유형들은 그만큼 문제 풀이가 수월하다. 전통적으로 이어져 내려오는 시험 비법 중 하나가 '쉬운 문제부터 먼저 해결하라'인데, 토익 PART 7도 어느 정도는 차용할 만한 방법이다.

2. 주제 문제는 세부 정보 파악이나 사실 확인 문제 이후에 풀어라!

주제 문제를 세부 정보 파악이나 사실 확인 유형보다 나중에 풀어야 하는 전략이 유용하다. 그 이유는 주제와 함께 섞인 문제들은 대부분 세부 정보 문제나 사실 확인 문제, 또는 유추&추론 문제들이 많다. 이러한 유형의 문제들은 때에 따라선 미리 선지의 내용도 숙지하거나 지문의 여러 곳을 훑어봐야 하기 때문에 그 과정에서 대략 지문의 정보를 파악할 여지가 크다. 사전 정보를 많이 입수할수록 그 지문의 전반적인 흐름을 파악하는 데에 유리하기 때문에 그 흐름만 잘 파악했다면 주제를 찾는 작업이 그리 어렵게 느껴지지는 않을 것이다. 따라서 주제 문제는 이들보다 나중에 푸는 요령이 필요하다.

3. 동의어 문제가 나오지 않았다면 세부 정보 파악 문제를 가장 먼저 풀어라!

동의어 문제는 PART 7에서 1~2문제 출제가 되기 때문에 사실상 대부분의 지문에서 동의어가 출제되지 않는다. 따라서 그 다음으로 가장 중요한 유형은 세부 정보 파악 문제가 된다. 세부 정보 파악 문제는 우리가 흔히 말하는 육하원칙(What, Who, Why, When, Where, How)으로 물어보는 유형이다. 이 세부 정보 문제는 PART 7에서 매회 약 35% 정도의 비중으로 출제되므로 사실상 가장 비중이 큰 문제 유형이다. 세부 정보 파악 문제를 먼저 풀어야 하는 이유는 세부 정보에 대한 정답의 단서를 찾고 푸는 과정에서 어느 정도 지문의 내용에 대한 윤곽을 잡을 수 있기 때문이다. 물론 세부 정보 1~2문제를 푼다고 해도 지문의 흐름을 파악하는 데에 한계가 있을 수도 있지만 어찌 됐건 조금이라도 윤곽을 잡는 데 도움이 되는 것만은 확실하다. 따라서 이왕이면 세부 정보 파악 문제를 먼저 해결하고 다음 단계로 넘어가기를 바란다.

4. 같은 유형의 문제가 2개 이상 나올 경우에는 더 쉬운 것부터 풀어라!

세부 정보 파악 문제나 유추&추론 문제 등이 한 지문당 2개 이상 출제될 경우도 있다. 이 경우에는 무조건 쉬운 것부터 먼저 해결한다. 언뜻 생각하면 문제만 보고 쉬운지 어려운지 어떻게 구별하느냐고 반문하는 독자도 있을 법하다. 방법은 간단하다. 문제로 판단하는 것이 아니라 선지로 판단한다. 일단 선지가 짧은 문제가 수월해 보이기 마련이다. 따라서 선지가 더 짧은 세부 정보 문제를 먼저 해결한다.

5. 사실 확인 문제보다는 세부 정보 파악 문제를 먼저 풀어라!

세부 정보 파악 문제이든 사실 확인 문제이든 간에 어쨌든 이 두 문제 유형은 수험생들이 가장 까다롭게 생각하는 유형들임에는 틀림없다. 하지만 이 두 문제 유형이 같은 지문에 동시에 제시되면 그나마 세부 정보 파악 문제를 먼저 푸는 것이 유리하다. 왜냐하면 세부 정보 파악 문제를 푸는 과정 속에서 어느 정도 지문의 윤곽을 잡을 수 있기 때문이다. 그리고 이 과정 속에서 사실 확인 문제의 선지 중 일부에 대한 O×여부까지도 판단할 수도 있게 된다. 따라서 세부 정보 파악 문제를 해결하고 나서 좀더 사실 확인 문제를 편하게 대할 수 있는 근거가 마련될 수 있다. 또한 PART 7에서도 대략 지문의 순서대로 문제가 출제되는 경향이 있는 만큼 세부 정보 파악 문제의 순서가 어디냐에 따라 사실 확인 문제에서의 단서를 어디에서 찾을 것인지에 대한 기준이 성립될 수 있다. 예를 들어 총 4개의 문제가 제시되는 지문에서 사실 확인 문제가 두 번째, 세부 정보 파악 문제가 세 번째로 출제가 되었고, 그 세부 정보 파악 문제에 대한 정답의 근거가 지문의 두 번째 단락이었다면 첫 번째 문제였던 사실 확인 문제에서의 단서는 세부 정보 파악 문제의 근거가 있었던 두 번째 단락 이전인 첫 번째 단락에 제시되었을 확률이 대단히 높다. 물론 요즘에는 세부 정보 파악이나 사실 확인 문제에서도 전체 지문을 참조해야 풀릴 만큼 난도가 높은 문제 유형들도 간혹 출제되고 있으므로 꼭 100% 들어맞는 요령은 아니지만 어느 정도 참조할 만한 기준이 되는 것만은 부인할 수 없는 사실이다.

6. 사실 확인 문제의 Not True와 True 문제 중에선 Not True 유형을 먼저 풀어라!

사실 확인 유형은 옳지 않은 것을 고르는 Not True와 옳은 것을 고르는 True 유형으로 나눌 수 있다. 토익 시험에선 한 지문당 이 두 개의 유형이 동시에 나오는 경우는 거의 없다. 하지만 간혹 나오는 경우도 있으므로 참고로 알아두도록 한다. 이 경우에는 일단 Not True 유형을 먼저 푸는 것이 유리하다. 왜냐하면 Not True 유형은 옳지 않은 것을 고르는 문제이므로, 선지 4개 중 일단 3개는 맞는 사실이다. 따라서 지문의 내용을 파악하는 측면에서는 3개의 사실 정보를 먼저 접할 수 있다는 장점이 있다. 문제까지 해결하고 나면 나머지 3개의 옳은 선지가 그대로 지문에 대한 정보가 된다. 따라서 그 다음에 True 유형을 대한다면 앞선 Not True 유형에서 파악한 사실 정보들을 기반으로 더욱 손쉽게 풀 수 있는 여지가 마련될 수 있다.

7. 유추 & 추론 문제는 세부 정보 파악과 사실 확인 문제 해결 이후에 접근해라!

유추 & 추론 문제는 말 그대로 지문의 내용을 바탕으로 추정할 수 있는 사항 중에 가장 합당한 근거를 찾는 문제이다. 따라서 세부 정보 파악이나 사실 확인 문제보다는 한 차원 높은 수준의 사고력을 요구하는 문제이다. 상식적으로 생각해도 사실에 대한 정보를 먼저 파악한 후 그 정보를 기반으로 유추를 하는 수순이 가장 이상적일 것이다. 만약 유추 & 추론 문제를 먼저 풀고 세부 정보 파악이나 사실 확인 문제를 대한다면 어떻게든 문제는 풀리겠지만 시간이 좀 더 걸리고 굉장히 어려운 풀이 과정을 거쳐야 하므로 추천할 만한 방법이 되지 못한다.

8. 빈칸 추론 문제는 가장 나중에 풀어라!

아마 빈칸 추론은 PART 7의 54문제 중 수험생들이 가장 까다롭고 어렵게 느끼는 문제 유형일 것이다. 이 문제 유형은 사실 수능 영어 시험에서도 자주 출제되는 유형인데, 수능 분야에서는 이 유형만을 집중적으로 연습하는 문제집이 따로 나올 정도로 결코 쉽지 않은 영역이다. 물론 빈칸의 앞뒤 문장만 잘 해석해서 꿰어 맞추면 되지 않겠느냐는 주장도 있을 수 있지만, 그 앞뒤 문장 사이에서 가장 논리적인 근거가 합당한 문장을 찾아내야 하므로 위에서 전후 문장을 참조하는 간단한 유형과는 근본적으로 접근 방식이 다를 수밖에 없다. 그런데 빈칸 추론은 매회 2문제 정도가 출제되므로, 출제율이 비교적 낮은 편에 속한다. 빈칸 추론을 맨 나중에 풀라는 주장에 대한 이유는 빈칸 추론을 옵션 문제로 생각하라는 이유에서이다. 사실 54문제 중 2문제면 출제율은 상당히 낮은 편이다. 하지만 이 문제를 풀려면 시간이 만만치 않게 소요된다. 가뜩이나 부족한 PART 7 시험에서 이 2문제를 위해 몇 분을 허비한다면 오히려 다른 문제들을 풀 수 있는 여력이 사라질지도 모른다. 따라서 52문제까지 풀고 그때까지도 시간이 남으면 풀어본다는 마음가짐으로 임한다. 토익은 공무원 시험처럼 1~2문제로 당락이 갈리는 시험이 아니지만 시간이 상당히 부족한 시험이기 때문에 만점을 목표로 하는 수험생만 아니라면 이 정도의 옵션 전략은 염두에 둘 필요가 있다. 또한 만점을 목표로 할 정도로 이미 실력이 최상위급인 학생들은 이 교재 자체를 참조할 필요도 없음을 미리 밝혀둔다.

그럼 이제 실전 문제들을 살펴보며 문제 풀이 순서 전략을 구체화시켜 보도록 하자!

Questions 169-171 refer to the following notice.

Don't miss out!

Mark your calendars for the fifth anniversary of the formation of the Jeffco Brass Community Orchestra. The orchestra will celebrate with a special free concert on May 6 from 7:00 to 9:30 P.M. at the Jeffco Community Center. This performance will be suitable for all lovers of music. The orchestra plans to play songs in several music genres. "Our set list is comprised of popular classical music, show tunes, and even rock and modern rap songs!" exclaimed conductor Tom Allen.

For more information, visit our Web site at www.jeffcobrass.com or contact Tom Allen at t-allen@jeffcobrass.com.

169. What is the purpose of this notice?

(A) To publicize an organization's yearly celebration
(B) To request donations for a charity event
(C) To announce when tickets will go on sale
(D) To advertise the creation of a new music group

170. What is indicated about the concert?

(A) It is not appropriate for young children.
(B) It will include a wide range of songs.
(C) It will provide some food and drinks.
(D) It will collect a free-will donation.

171. Why would someone contact Mr. Allen?

(A) To reserve tickets
(B) To request a song
(C) To ask about details
(D) To apply for membership

☀ 이렇게 해결해요!

우선 문제 유형부터 파악을 해보자. 169번은 주제 문제, 170번은 사실 확인(True) 문제, 그리고 171번은 유추＆추론 문제이다. 위의 이론을 바탕으로 한다면 문제 풀이 순서는 170 ▶ 171 ▶ 169의 순서가 바람직하다.

먼저 170번의 사실 확인(True) 문제에서는 콘서트에 대해 언급된 것을 물어보므로 선지의 키워드까지 참조하는 것이 도움이 된다. 어린아이들에게 적합하지 않고, 다양한 곡들을 포함하며, 음식과 음료가 제공되고, 자발적인 기부금을 걷을 것이라는 내용이 나와 있다. 그런데 네 번째 문장 The orchestra plans to play songs in several music genres.에서 여러 가지 장르의 음악이 연주된다고 하므로 (B)가 정답이다. (A), (C), (D)는 언급된 바가 없다. 이 문제를 통해 오케스트라 연주회를 공지하고 있는 내용임을 알 수 있다.

그 다음 171번 문제를 보면 누가 앨런 씨에게 연락할지를 묻고 있다. 이 경우에는 선지의 내용은 참조할 필요가 없이 문제의 단서만으로 지문에 접근한다. 마지막 문장 For more information, visit our Web site at www.jeffcobrass.com or contact Tom Allen at t-allen@jeffcobrass.com.에서 상세한 정보를 원하면 웹사이트를 방문하거나 톰 앨런에게 이메일로 연락하라고 하므로 상세 정보를 원하는 사람이 앨런 씨에게 연락하리라고 예상할 수 있다. 따라서 (C)가 정답이다.

여기까지 풀면 169번은 자연스럽게 (A)가 가장 근접한 정답임을 알 수 있다. 만약 순서대로 주제 문제부터 접근한다면 주제를 파악하는 데에도 시간이 걸리지만 어차피 세부 정보 파악을 위해 다시 지문을 훑어야 하기 때문에 이중으로 시간이 허비되는 상황이 발생할 수도 있다. 따라서 세부 정보 파악부터 먼저 하고 주제 문제에 접근하는 전략이 훨씬 효율적이다.

해석

문제 169-171번은 다음 공지를 참조하시오.

놓치지 마세요!

제프코 브라스 커뮤니티 오케스트라 결성 5주년 기념일을 여러분의 일정표에 표시해 두세요. 제프코 커뮤니티 센터에서 5월 6일 저녁 7시부터 9시 30분까지 특별 무료 콘서트로 축하 행사를 열 예정입니다. 이번 공연은 모든 음악 애호가들에게 안성맞춤입니다. 오케스트라는 여러 음악 장르의 곡들을 연주할 예정입니다. "저희들의 이번 선곡 리스트는 유명 클래식 음악, 쇼 음악 그리고 록과 모던 랩도 있습니다!" 지휘자 톰 앨런은 이렇게 외쳤습니다.
상세한 정보를 원하시면, 저희 웹사이트(www.jeffcobrass.com)를 방문하거나 톰 앨런에게 이메일 t-allen@jeffcobrass.com으로 연락하시기 바랍니다.

169. 공지의 목적은 무엇인가?

(A) 어느 단체의 연례 축하 행사를 광고하는 것
(B) 자선 행사에 기부를 요청하는 것
(C) 티켓이 판매되는 시점을 알리는 것
(D) 새로운 음악 그룹의 탄생을 광고하는 것

170. 콘서트에 대해 언급된 것은?

(A) 어린 아이들에게는 적합하지 않다.
(B) 다양한 곡들을 포함하게 될 것이다.
(C) 약간의 음식과 음료를 제공할 것이다.
(D) 자발적인 기부금을 걷을 것이다.

171. 누군가가 왜 앨런 씨에게 연락하겠는가?

(A) 티켓을 예약하기 위해
(B) 노래를 요청하기 위해
(C) 세부적인 사항을 물어보기 위해
(D) 회원권을 신청하기 위해

정답   169. (A)   170. (B)   171. (C)

한 지문을 더 살펴보도록 하자.

Questions 161-164 refer to the following notice.

KS Parking Permits

KS Corporation allows each employee one parking space in the underground parking garage. However, you must first ask about a parking space to our personnel manager before you are entitled to have your own space. [1] You can contact the personnel department by e-mail at personneldepartment@ks.net. Please type the subject 'Parking Permit Request' as your e-mail heading. [2] You should hear back from the personnel manager within one or two business days.

Then you can download an application form in the official Web site of our company. Please complete all of your information in the application form; otherwise, this will delay the process. [3]

[4] Also, you should bring your driver's license and company ID card with you when you stop by the personnel department. It usually takes two or three business days for you to get your own parking permit.

---

161. Why is the notice written?

(A) To explain an idea
(B) To provide information
(C) To announce the opening a business
(D) To correct some mistakes

162. What is indicated about KS parking permits?

(A) They are way too much expensive.
(B) They are good for a year.
(C) They can be purchased with credit cards.
(D) They are offered to current employees.

163. What should people do if they don't want to delay the process?

(A) Contact the human resources department
(B) Send an e-mail to the security manager
(C) Fill out all the blanks in an application form
(D) Make copies of their driver's license and company ID card

164. In which of the positions marked [1], [2], [3], and [4] does the following sentence best belong? "Once you have completed your application form, please submit it to the personnel department."

(A) [1]
(B) [2]
(C) [3]
(D) [4]

☀ 이렇게 해결해요!

우선 문제 유형부터 살펴보자. 먼저 161번은 주제 문제, 162번은 사실 확인(True) 문제, 163번은 세부 정보 파악 문제, 그리고 164번은 빈칸 추론 문제이다. 앞서 설명한 내용대로 문제 풀이의 순서를 배열해 보면, 163 ▶ 162 ▶ 161 ▶ 164의 순서가 바람직하다. 먼저 163번의 세부 정보 파악 문제에선 동사나 부사구 등에서 문제의 키워드를 점검해야 한다. 그리하여 delay the process를 키워드로 잡고, 이와 동일하거나 비슷한 표현이 들어간 부분의 주변을 살핀다. 그런데 지문 중반부에 otherwise, this will delay the process.라는 문장이 보인다. 그리고 그 앞 문장을 확인한 결과 신청서 양식을 작성할 것을 요구하고 있다. 따라서 163번의 정답은 (C)가 된다.

그리고 162번은 사실 확인 (True) 문제이므로 선지의 키워드를 먼저 숙지하고 KS parking permits와 관련된 부분을 집중적으로 살펴본다. 그런데 지문의 첫 문장 KS Corporation allows each employee one parking space in the underground parking garage.를 통해 직원들에게 주차 공간을 허용하고 있음을 파악할 수 있다. 따라서 162번은 (D)가 정답이다.

위의 내용들을 바탕으로 주제를 유추해 본다면 선지 4개 중 주차 허가증에 대한 정보를 제공하기 위한 목적임을 알 수 있다. 따라서 161번의 정답은 (B)이다.

여기까지 풀고 164번은 빈칸 추론이므로 일단 다른 문제를 다 소화한 뒤 다소 여유가 생길 때 옵션으로 접근한다. 주어진 문장은 "Once you have completed your application form, please submit it to the personnel department."로 일단 신청서를 작성하면 인사과로 제출해 달라고 요청하는 내용이 제시되고 있다. 따라서 주차 허가증을 발급받기 위해 신청서를 작성하고 난 이후 주차 허가증을 발급받는 단계 및 관련 정보가 안내되는 부분을 파악하는 것이 필요하다. 공지 맨 하단 Also, you should bring your driver's license and company ID card with you when you stop by the personnel department. It usually takes two or three business days for you to get your own parking permit.에서 인사과 사무실을 방문할 때 운전 면허증과 사원증을 꼭 지참해야 하고, 발급에는 2~3일 정도 소요된다고 안내하는 내용을 통해 이 부분이 주차 허가증 발급을 위해 신청서를 제출한 이후 절차에 관한 것임을 알 수 있다. 따라서 신청서를 작성하면 인사과로 제출해 달라는 내용은 이들 앞인 [3]에 위치해야 하므로 정답은 (C) [3]이다.

해석

문제 161-164번은 다음 공지를 참조하시오.

KS 주차 허가증

KS 사 직원들은 회사 지하 주차장에 각자 한 개의 주차 공간이 허용됩니다. 그러나 개인 주차 공간을 획득하기 전에 인사과에 먼저 주차 공간에 대해 문의하셔야 합니다. 이메일 주소 personneldepartment@ks.net을 통해 인사과로 연락하실 수 있습니다. 이메일 제목에 '주차 허가증 요청'으로 명시하세요. 인사과로부터 1-2일 이내에 답변을 받으시게 될 겁니다.

그러고 나서 회사 공식 홈페이지에서 신청서를 내려 받으세요. 신청서에 자신의 정보를 가감 없이 기입하셔야 합니다. 그렇지 않으면, 신청 과정이 지연될 수 있습니다.

또한 인사과 사무실을 방문하실 때는 본인의 운전 면허증과 회사 사원증을 직접 가지고 와주세요. 주차 허가증은 발급받는데 2-3일 정도 소요됩니다.

161. 이 공지의 목적은 무엇인가?

(A) 아이디어를 설명하기 위해서
(B) 정보를 제공하기 위해서
(C) 사업의 시작을 발표하기 위해서
(D) 일부 실수를 바로 잡기 위해서

162. KS 주차 허가증에 관해 언급된 것은 무엇인가?

(A) 너무 비싸다.
(B) 1년간 유효하다.
(C) 신용카드로 구매가 가능하다.
(D) 현 직원들에게 제공된다.

163. 만약 절차를 지연시키길 원하지 않는다면 무엇을 해야 하는가?

(A) 인사과에 연락해야 한다.
(B). 보안 담당자에게 이메일을 보낸다.
(C) 신청서의 모든 공란을 다 채워야 한다.
(D) 운전 면허증과 회사 사원증을 복사한다.

164. 아래 문장의 내용은 [1], [2], [3], [4]라고 표시된 곳 중에서 어디에 적합한가? "일단 신청서를 작성하시면, 이를 인사과로 제출해주세요."

(A) [1]

(B) [2]

(C) [3]

(D) [4]

어휘　parking space 주차 공간　submit 제출하다　personnel department 인사과　be entitled to do ~할 자격이 있다　application form 신청서　complete ~을 작성하다, ~을 기입하다　delay ~을 지연시키다

정답　161. (B)　162. (D)　163. (C)　164. (C)

단일 지문과
다중 지문 간의 풀이 순서

사실 지문 간의 풀이 순서는 딱히 칼로 무를 자르듯 이렇게 하라고 주문하기가 곤란한 부분이 있다. 수험생 개인의 성향과 수준에 따라 이 풀이 순서는 좀 다르게 적용할 수 있기 때문이다. 어찌 보면 PART 7은 고독한 지문과의 싸움이다. 한 번이라도 정기토익을 치른 수험생들이라면 끝도 없이 펼쳐지는 지문의 양에 상당한 좌절감과 거부감을 느껴보았을 것이다. 그럼에도 불구하고 어찌 되었든 문제를 다 해결해야 고득점을 획득할 수 있으므로 이 지문들을 주어진 시간 내에 모두 감당해야 함은 불가피한 선택이 될 수밖에 없다. 우리는 다만 그나마 덜 지루하게 문제를 풀어나가는 요령을 익힐 수 있을 뿐이다. 우선 크게는 700점에서 800점 초반 정도를 목표로 하는 수험생들과 800점 중반 이상의 고득점을 노리는 수험생들로 나눠서 지문 간의 풀이 순서를 생각해 볼 수 있다.

1. 목표 점수대가 700점에서 800점대 초반인 경우

이 경우에는 비교적 쉬운 유형의 문제들을 확실하게 맞히고 좀 어렵게 느껴지는 유형의 문제들은 절반 정도만 맞힌다는 생각으로 접근하는 게 효율적이다. PART 7은 단일 지문이 총 10개, 이중 지문 2개, 삼중 지문 3개가 등장한다. 이 중 단일 지문부터 먼저 풀어간다. 단일 지문 중에서도 문제 2~3개짜리로 되어 있고, 지문의 양이 적은 영수증, 주문서, 양식 등의 쉬운 지문들부터 먼저 접근한다. 그리고 이중 지문 ▶ 삼중 지문의 순서로 풀어간다. 행여 시간이 모자란다 하더라도 어차피 고득점을 목표로 하지 않는 한 단일 지문이라도 확실하게 매듭 짓는다는 생각으로 시험에 임해야 한다. 이중 지문과 삼중 지문에는 총 25문제가 달려 있기 때문에 결코 그 비중을 무시할 순 없지만 최악의 경우 이 중 절반 정도는 버린다는 각오로 단일 지문에 상대적으로 공력을 많이 집중하는 것이 바람직하다. 괜히 어려운 것부터 먼저 해결한다고 이

중 지문과 삼중 지문부터 접근한다면 예상 외로 낭패를 볼 수가 있다. 잘 해결되면 다행인데, 만약 어느 한 지문에서 헤매게 되면 시간은 시간대로 허비하고, 정답에 대한 확신도 없는 찜찜한 상태에서 단일 지문에 임해야 할지도 모른다. 그러면 페이스가 떨어져 덩달아 쉬운 단일 지문 해결에도 악영향을 미칠 수 있다. 따라서 단일 지문에서 가장 쉬운 유형부터 차근차근 접근하도록 하고 최대한 시간의 압박에서 벗어나 이중 지문과 삼중 지문의 문제들은 모르면 넘어간다는 각오로 임하는 쪽이 오히려 페이스 조절에 유리하다.

2. 목표 점수가 800점대 중반 이상인 경우

목표 점수가 800점대 중반 이상이라면 조금 접근 방식이 달라져야 한다. 어차피 이 정도의 점수를 획득하려면 이중 지문과 삼중 지문에서도 꽤 많은 득점을 올려야 한다. 따라서 이 경우에는 오히려 어려운 유형부터 접근하는 게 유리하다. 그래서 삼중 지문 ▶ 이중 지문 ▶ 단일 지문의 순으로 풀어간다. 그리고 시간 배분도 상당히 신경 써야 하므로 다중 지문 25문제에 약 25분을 배정해 놓고 25분이 지나면 무조건 단일 지문으로 넘어간다. 왜냐하면 다중 지문에 너무 많은 시간을 배분하다보면 오히려 쉽게 해결할 수 있는 단일 지문들을 시간에 쫓겨 제대로 못 풀게 되는 낭패를 볼 수도 있기 때문이다. 또한 800점대 중반 이상의 고득점을 목표로 하는 수험생들이라면 쉬운 지문 정도는 빨리 해결할 수 있는 수준이라고 판단되므로 상대적으로 까다로운 다중 지문을 먼저 해결한 후 시험 후반부에 비교적 쉬운 문제들을 풀어나가는 것이 집중력을 유지하거나 페이스를 조절하는 입장에서도 훨씬 유리하다.

PART 5 & 6과
PART 7 간의 풀이 순서

PART 간의 풀이 순서는 오히려 지문 간의 풀이 순서보다도 수험생들의 기호나 성향, 혹은 개인별 목표 점수와 수준에 따라 다양하게 적용될 수 있는 여지가 많다. 하지만 전반적으로는 이들도 크게 두 가지 경우로 나눠 생각해 볼 수 있을 것이다.

1. 목표 점수대가 700점에서 800점대 초반인 경우

목표 점수대가 이 정도라면 어쨌든 쉬운 유형에서 확실한 점수를 올려놓고 어려운 유형에서 최대한 득점을 사수한다는 전략이 유용하다. 따라서 상대적으로 어려운 PART 7보다는 PART 5 & 6에서 확실한 득점을 먼저 올려야 하므로 PART 5 & 6부터 먼저 접근하는 게 유리하다. 그리고 PART 7에 들어와서는 1번의 전략을 따라가면 된다.

2. 목표 점수가 800점대 중반 이상인 경우

이 경우라면 오히려 PART 7을 먼저 푸는 전략을 추천한다. 왜냐하면 어려운 부분을 먼저 해결하고 나서 쉬운 부분을 빠른 속도로 마무리하는 게 고득점을 올리는 전형적인 시험 패턴이기 때문이다. 토익도 예외가 되지 않는다. 또한 정기토익에서는 시험 종료 15분 전부터 남은 시간을 알려주는 음성이 나온다. 이후부터는 급격하게 심리적으로 위축되어 초조해진 나머지 집중이 잘 되지 않았던 경험들을 모두 한두 번쯤은 해보았을 것이다. 이 상황에서 상대적으로 쉬운 PART 5의 문제를 풀고 있다면 그나마 심리적으로 덜 위축되고 페이스 조절에도 도움을 받을 수 있다. 따라서 PART 7부터 먼저 풀고 PART 5 & 6으로 넘어가는 방법을 추천한다.

2장

PART 7
문제 유형별 해결 전략

유추 & 추론

✅ 출제 경향

유추&추론 문제는 지문에 나온 내용에서 정답을 유추하거나 추론하는 문제이므로 난이도가 상당히 높은 수준에 속한다. 따라서 수험생들이 PART 7에서 가장 애를 먹는 대표적인 문제 유형이다. 정답이 직접적으로 제시되지 않는 고난도 유형도 있지만, 대부분 질문의 끝부분에 유추, 추론의 대상이 등장하므로 그 대상을 중심으로 지문을 살펴보도록 한다. 유추&추론 문제 유형은 크게 두 가지로 나눌 수 있는데, 글의 출처나 대상을 묻는 문제처럼 지문 전체의 내용을 단서로 추론하는 전체 정보 추론 문제와 지문 일부의 내용을 단서로 추론하는 세부 정보 추론 문제이다.

● 빈출 문제 유형

■ 전체 정보 추론

- For whom is the notice most likely intended?
  공지는 누구를 대상으로 한 것 같은가?

- Where would this advertisement most likely be found?
  광고는 어디에서 볼 수 있을 것 같은가?

■ 세부 정보 추론

▪ What will most likely ~?　무엇이 ~할 것 같은가?

▪ What will --- probably ~?　…가 무엇을 ~하겠는가?

▪ Who most likely is ~?　~은 누구일 것 같은가?

▪ What is suggested[implied] about ~?　~에 대해 암시된 것은 무엇인가?

▪ What can be inferred from ~?　~에서 추론할 수 있는 것은 무엇인가?

🚩 해결 전략 ❶

전체 정보를 추론할 경우 선지의 키워드를 숙지한 후
지문의 내용과 대조해 본다!

▶ 지문의 전반적인 내용에 대한 추론 문제에서는 문제의 키워드는 중요하지 않으며, 선지의 키워드를 숙지한 후 그 키워드와 동일하거나 비슷한 부분들을 지문 내에서 찾아 대조하며 정답의 단서를 찾는 방법이 수월하다. 그렇게 하지 않고 막연하게 지문을 처음부터 읽어나가면 문제를 읽고 다시 지문을 읽어야 하는 악순환이 벌어질 수도 있다.

Question 1 refers to the following online review.

Welcome to Dining Review
East Moon ★★★☆
by Andrew Woodbridge

New Caney (July 15) – Chef Aaron Lee, a highly trained sushi chef, opened the delightful sushi restaurant East Moon on Main Street yesterday. Local residents were eager to dine at the city's first sushi restaurant, and since reservations are not accepted at this first-come, first-served eating establishment, the line of customers waiting for a table on its opening night stretched several blocks.

Fortunately, the quality of the dining experience more than justified the time it took to get a table. Customers were delighted by the diverse furnishings and more than satisfied with the large range of both common and specialty sushi rolls available for them to select. The night's favorite: the New Caney roll, of course! A combination of cream cheese, salmon, roe, asparagus, and spicy peppers, this roll is sure to be a New Caney crowd-pleaser.

We are so lucky to have Chef Aaron Lee join our community. I look forward to dining at East Moon again!

1. What is suggested in the review?

(A) The traditional menu items are the best.
(B) The décor is a bit overstated.
(C) The waiting time is worth it.
(D) The menu is a bit limited.

☀ 이렇게 해결해요!

❶ 문제 파악 | 먼저 문제를 읽고 어떤 유형인지 파악한다.

What is suggested in the review?   이 리뷰에서 무엇이 암시되었는가?

➡ 질문을 보니 suggested가 언급되었으므로 유추&추론 유형임을 알 수 있다.

❷ 선지 파악 | 선지의 키워드를 숙지한다.

전체 내용을 추론하는 문제는 대개 지문 전체를 단서로 하기 때문에 선지를 먼저 파악한 후 지문을 대하는 것이 유리하다. 왜냐하면 정보가 구체적이지 않은 상황에서 지문부터 먼저 읽은 후 선지와 일일이 대비하여 정답을 고르게 되면 시간이 많이 소요되기 때문이다. 따라서 선지에서 어느 정도 정보를 습득한 후에 그 정보를 근거로 하여 지문을 훑어나가면서 정답의 단서를 찾아나가야 한다.

(A) The traditional menu items are the best.   전통적 메뉴들이 최고이다.
(B) The décor is a bit overstated.   장식이 조금 과장되어 있다.
(C) The waiting time is worth it.   대기 시간이 그만한 가치가 있다.
(D) The menu is a bit limited.   메뉴가 약간 제한적이다.

➡ 지문 전체에 대해 암시하고 있는 단서를 찾는 문제이므로 일단 선지에서 핵심 키워드를 찾아본다. 최고의 전통 메뉴, 과장된 장식, 가치 있는 대기 시간, 제한적인 메뉴 등의 정보를 머릿속에 입력하거나 간단히 메모를 한 후 지문을 대한다.

❸ 단서 파악 | 선지에서 파악한 키워드를 지문과 대조하며 단서를 찾는다.

Question 1 refers to the following online review.

Welcome to Dining Review
East Moon ★★★☆
by Andrew Woodbridge

New Caney (July 15) – Chef Aaron Lee, a highly trained sushi chef, opened the delightful sushi restaurant East Moon on Main Street yesterday. Local residents were eager to dine at the city's first sushi restaurant, and since reservations are not accepted at this first-come, first-served eating establishment, the line of customers waiting for a table on its opening night stretched several blocks.

Fortunately, the quality of the dining experience more than justified the time it took to get a table. Customers were delighted by the diverse furnishings and more than satisfied with the large range of both common and specialty sushi rolls available for them to select. The night's favorite: the New Caney roll, of course! A combination of cream cheese, salmon, roe, asparagus, and spicy peppers, this roll is sure to be a New Caney crowd-pleaser.

We are so lucky to have Chef Aaron Lee join our community. I look forward to dining at East Moon again!

⇒ 키워드에 해당하는 영문이나 이와 유사한 표현이 들어간 부분을 찾아 그 해당 표현과 주변을 함께 해석해 보고 오답을 소거하며 정답을 고르는 방식으로 진행한다.

⇒ 선지의 핵심 키워드가 들어간 문장을 빠르게 스캐닝한다. 선지 중에 키워드를 지문과 연계해 보았을 때, 두 번째 단락의 첫 두 문장을 통해 대기 시간이 아깝지 않았다는 의견과 폭넓은 메뉴가 좋았다는 정보를 유추할 수 있다. 따라서 대기 시간이 아깝지 않았다는 의견을 통해 선지 (C)의 대기 시간이 그만한 가치가 있다는 내용을 유추할 수 있다. 따라서 선지 중 (C)는 알맞고, (D)는 사실이 아님을 확인할 수 있다. 또한 (A)와 (B)에 대해선 지문에서 특별한 언급이 없으므로 이 또한 오답으로 분류한다.

해석

문제 1번은 다음의 온라인 리뷰를 참조하시오.

웰컴 투 다이닝 리뷰
이스트 문 ★★★☆
앤드류 우드브릿지

뉴케이니(7월 15일) – 고도로 숙련된 초밥 요리사인 아론 리가 어제 메인스트리트에 매력적인 초밥 식당 이스트 문을 열었다. 지역 주민들이 앞 다퉈 이 도시 최초의 초밥 식당에서 식사를 하고 싶어 했는데, 이 선착순제 음식점은 예약을 받지 않기 때문에 개업일 저녁에 대기 손님들의 줄이 몇 블록이나 늘어섰다.

다행히도, 식사 경험의 질은 테이블 착석을 위해 들인 시간을 충분히 보상해 주었다. 손님들은 다양한 가구와 소품에 즐거워했고, 평범하거나 특별한 스시롤의 폭넓은 선택 범위에 더할 나위 없는 만족감을 표했다. 그날 밤의 가장 인기 있던 메뉴라면 당연히 뉴케이니롤이었다! 크림 치즈, 연어, 날치알, 아스파라거스 그리고 매운 고추가 어우러진 이 롤은 분명 뉴케이니의 명물이 될 것이다!

요리사 아론 리가 우리 지역으로 들어온 건 우리에게 행운이 아닐 수 없다. 필자는 이스트 문에서 다시 식사를 하길 고대한다.

어휘 delightful 기분 좋은, 마음에 드는 be eager to do ~하기를 간절히 바라다 dine 식사를 하다 reservation 예약 first-come, first-served 선착순의 eating establishment 식당 stretch 뻗어 있다 justify 정당화시키다 furnishings 가구와 비품 combination 조합, 결합 roe 어란 crowd-pleaser (많은 사람들을 즐겁게 하는) 명물

정답 (C)

Practice 1 ▶ 정답 및 해설은 200쪽

Question 1 refers to the following advertisement.

Grand Opening
Danny's Diner
Harder Road
Hayward, California
Phone: (510) 466-0278

Come and join us for the grand opening of Danny's Diner. We serve California cuisine and regional specialties with lots of soul. Every Sunday, we have a buffet starting at 12:00 P.M.

Business Hours
Monday through Thursday: 11:30 A.M.~8:00 P.M.
Friday and Saturday: 11:30 A.M.~11:00 P.M.
Sunday: 10:00 A.M.~5:00 P.M.

1. What is suggested about Danny's Diner?

(A) It has a small kitchen staff.
(B) It is known all over California.
(C) It closes earlier than normal on Sundays.
(D) It is a modern place to enjoy foreign food and drinks.

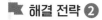 해결 전략 ❷

세부 내용을 추론할 경우 문제의 키워드와 동일하거나
비슷한 부분을 지문에서 찾아 그 주변을 탐색한다!

▶ 문제에 언급되어 있는 어느 특정한 내용에 대해 추론할 경우에는 그 특정한 내용의 키워드와 동일하거나 비슷한 부분을 지문에서 찾아보고 그와 관련된 정보들을 탐색한다. 이때 선지의 내용까지는 파악할 필요가 없으며, 오직 문제의 키워드를 중심으로 단서를 파악해 간다.

Question 2 refers to the following announcement.

Request for Donations

The Nantucket Animal Shelter Organization needs your help. During the recent hurricane, 3 of our 6 city shelters were devastated by the strong winds and torrential rain. Roofs caved in, windows were shattered, and structures were completely flooded. Fortunately, we were able to safely evacuate all of the animals at the affected shelters before the storm hit. However, the need to repair these shelters is desperate as our 3 remaining shelters are now overcrowded.

To donate your time, building supplies, or money to the Nantucket Animal Shelter Organization, visit our Web site at www.naso.org, visit one of our shelters 3353 Weems Lane; 233 Oak Ridge Road; 2662 Piccadilly Street), or give our hotline a call at 1-888-SAFE-PET.

2. What is suggested about the shelter on Piccadilly Street?

(A) It is the organization's headquarters.
(B) It is in the most need of help.
(C) It is where all of the shelter's cats are housed.
(D) It did not sustain any damage.

☀️ 이렇게 해결해요!

❶ **문제 파악** | 먼저 문제를 읽고 어떤 유형인지 파악한다.

What is suggested about the shelter on Piccadilly Street?
피카딜리 스트리트의 보호소에 대해 암시되어 있는 것은 무엇인가?

   Piccadilly Street라는 구체적인 명칭이 제시된 세부 내용 추론 문제이다. 따라서 문제에서 제기된 구체적인 명칭을 지문에서 찾아 그 사실 여부를 판단하는 방법이 효과적이며, 굳이 선지의 키워드까지 확인할 필요는 없다.

❷ **단서 파악** | 파악 질문의 구체적인 명칭이 제시되어 있는 부분들을 지문에서 찾아보고 그와 관련된 정보들을 탐색한다.

Question 2 refers to the following announcement.

Request for Donations

The Nantucket Animal Shelter Organization needs your help. During the recent hurricane, 3 of our 6 city shelters were devastated by the strong winds and torrential rain. Roofs caved in, windows were shattered, and structures were completely flooded. Fortunately, we were able to safely evacuate all of the animals at the affected shelters before the storm hit. However, the need to repair these shelters is desperate as our 3 remaining shelters are now overcrowded.

To donate your time, building supplies, or money to the Nantucket Animal Shelter Organization, visit our Web site at www.naso.org, visit one of our shelters 3353 Weems Lane; 233 Oak Ridge Road; 2662 Piccadilly Street, or give our hotline a call at 1-888-SAFE-PET.

➡ 지문에서 Piccadilly Street가 언급되어 있는 곳을 찾아본다. Piccadilly Street가 언급된 두 번째 단락에서 To donate your time, building supplies, or money to the Nantucket Animal Shelter Organization, visit our Web site at www.naso.org, visit one of our shelters 3353 Weems Lane; 233 Oak Ridge Road; 2662 Piccadilly Street, or give our hotline a call at 1-888-SAFE-PET.를 통해 기부를 하려면 우리 보호소(3353 윔스 레인; 233 오크 릿지 로드; 2662 피카딜리 스트리트) 중 하나를 방문하라는 내용을 확인할 수 있다.

❸ **선지 파악** | 선지에서 유추할 수 있는 부분을 찾아 정답을 고른다.

(A) It is the organization's headquarters.   기구의 본부이다.

(B) It is in the most need of help.   가장 도움이 많이 필요한 곳이다.

(C) It is where all of the shelter's cats are housed.
모든 보호소 고양이들이 수용되어 있는 곳이다.

(D) It did not sustain any damage.   피해를 겪지 않은 곳이다.

Piccadilly Street가 언급된 두 번째 단락에서, 기부를 하려면 보호소인 Piccadilly Street를 방문하라는 내용이 나와 있으므로 Piccadilly Street는 기부를 받을 만큼 피해를 겪지 않은 곳이라는 사실을 유추할 수 있다. 따라서 정답은 (D)이다. 유의할 점은 사실관계 파악 유형도 그렇지만 유추, 추론 문제도 선지 하나하나를 일일이 지문과 비교하다보면 시간 소모가 너무 커지게 된다. 따라서 세부 정보 추론의 경우에는 질문의 키워드 주변의 문장들을 통해서 최대한 정보를 습득하고 그 정보로부터 유추하여 선지의 내용에서 가장 근접한 정답의 단서를 찾아나가는 방법이 효율적이다.

해석

문제 2번은 다음 온라인 리뷰를 참조하시오.

기부가 필요합니다.

낸터킷 동물보호소 기구는 여러분들의 도움이 필요합니다. 최근의 허리케인 동안, 저희 여섯 개의 도시 보호소 중 세 곳이 강풍과 폭우에 의해 엄청난 피해를 입었습니다. 지붕은 내려 앉았고, 창문은 산산이 부서졌으며, 구조물들은 완전히 침수되었지요. 다행히도, 폭풍이 닥치기 전에 피해를 입은 보호소들에서 모든 동물들을 안전하게 대피시킬 수 있었습니다. 그러나 이 보호소들을 수리할 필요성이 절박합니다. 남아 있는 세 곳의 보호소들이 지금 초만원 상태이기 때문입니다.

여러분의 시간과 건축물품 또는 복구비용을 낸터킷 동물보호소 기구에 기부하시려면, 저희 웹사이트(www.naso.org)나 보호소(3353 윔스 레인; 233 오크 릿지 로드; 2662 피카딜리 스트리트) 중 하나를 방문하시거나, 직통 전화인 1-888-SAFE-PET로 전화 주시면 됩니다.

어휘
animal shelter organization 동물보호소 기구   devastate 완전히 파괴하다   torrential 비가 심하게 내리는   cave in (땅 등이) 무너지다, 함몰하다   shatter 산산이 부서지다   structure 구조물   flood 홍수가 나다, 침수시키다   fortunately 다행히도   evacuate 대피시키다   repair 수리(하다)   overcrowded 너무 붐비는, 초만원인   donate 기부하다   hotline 상담[직통] 전화

정답   (D)

Practice 2 ▶ 정답 및 해설은 200쪽

Question 2 refers to the following online chat discussion.

Dorothy Murray 8:29 P.M.	Hello to all hiking club members. I have a few important things to mention before our hiking trip tomorrow. Firstly, please make sure to arrive on time. The bus is departing sharply at 8:00 A.M. In addition, bring your own snacks, bottled water, and medical supplies in a backpack. We will depart from Mount Guelph at 6:00 P.M., in accordance with its hours of operation.
Helen Goodnight 8:31 P.M.	Is there a shop at the base of Mount Guelph where I can purchase such items?
Dominic Ballard 8:32 P.M.	No. You'd have to walk to a gas station that's 20 minutes away from the base on foot, so I strongly suggest you bring all the necessities.
Theresa Grier 8:38 P.M.	I second that. Last time, I had to walk to the gas station from the base, and it was brutal.
Dorothy Murray 8:40 P.M.	In addition, try to bring your garbage back. Littering is prohibited at Mount Guelph.
Wendi Davis 8:45 P.M.	Mount Guelph is dog-friendly, so you can bring your dogs to hike with you as well.

2. What is suggested about Ms. Goodnight?

(A) She goes hiking with Mr. Ballard regularly.
(B) She enjoys hiking with her pet.
(C) She visits Mount Guelph frequently.
(D) She is a new member of the hiking club.

출제 빈도 **매회 평균 19.09개**

세부 정보 파악

☑ 출제 경향

세부 정보 파악 문제는 흔히 육하원칙이라고 부르는 언제, 어디서, 누가, 무엇을, 어떻게, 왜 했는가를 묻는 유형이며, PART 7의 문제 유형 중 약 35%의 비율을 차지할 정도로 출제 비중이 높다. 이 중 '무엇'에 해당하는 What 유형이 매회 평균 10~11개 정도 출제되어 육하원칙 중에서도 출제율이 가장 높은데, 특정한 부분을 묻는 질문이기 때문에 문제의 키워드와 같거나 비슷한 부분에서 정답의 단서를 찾는 작업이 문제 해결의 열쇠이다.

● 빈출 문제 유형

- According to Mr. Cho, what is the requirement to be the manager?
  조 씨에 따르면, 매니저가 되기 위한 요건은 무엇인가?

- What was sent with the letter?   편지와 함께 보낸 것은 무엇인가?

- What did Mr. Roh do to apply for the position?
  노 씨는 이 직책에 지원하기 위해 무엇을 했는가?

- What is the cause of the problem that Ms. Hong is experiencing?
  홍 씨가 겪고 있는 문제의 원인은 무엇인가?

- Where will employees be during the vacation?
  종업원들은 휴가 기간 동안 어디에 가 있을 예정인가요?

- Where would the information most likely be found?
  그 정보는 어디서 발견될 것 같은가?

- How will individual team members obtain a badge?
  각 팀원은 어떻게 배지를 얻습니까?

- Who was praised by Mr. Robert?
  누가 로버트 씨의 칭찬을 받았습니까?

- When does the speaker give a speech about business management?
  그 연사는 언제 경영 관리에 관한 연설을 합니까?

- Why is the institution short of funds?   그 기관에는 왜 기금이 모자랍니까?

해결 전략

문제의 키워드를 파악하고 그와 동일하거나
비슷한 부분을 지문에서 찾는다!

▶ 세부 정보 파악 유형은 문제의 키워드가 해결의 핵심 열쇠이다. 따라서 문제의 키워드를 정확히 파악하고 그 키워드와 동일하거나 비슷하게 패러프레이징된 부분을 찾아 집중적으로 훑어본다. 전체적인 사항을 묻는 문제가 아니라 특정 정보와 관련된 문제이므로 단서만 빨리 찾을 수 있다면 비교적 쉽게 해결할 수 있는 유형이다.

(1) What으로 물어보는 유형

먼저 아래의 문제를 풀어보자.

Question 3 refers to the following news article.

New York Chronicle
Entertainment Update

Central Park to Hold Independence Day Celebrations

New York (June 19) – Mayor Robert Wagner today announced that Central Park in the center of New York is to hold a series of events on July 4 to mark this year's Independence Day. The national holiday will be celebrated with a number of live concerts performed by the New York Orchestra, followed by recitals from children at local schools. A number of food stalls will be erected in the park so that guests can purchase refreshments throughout the day. Mayor Wagner will give a speech to the crowd before the celebrations conclude with a fireworks display in the evening. The event will begin at 2 P.M. and conclude at 10 P.M. and is free to attend.

---

3. What is being celebrated?

(A) The election of a new president
(B) The start of a new year
(C) The mayor's birthday
(D) A national holiday

☀ 이렇게 해결해요!

❶ 문제 파악 | 먼저 문제를 읽고 키워드를 확인한다.

What is being celebrated?   무엇이 축하를 받고 있는가?

➡ 지문에서 축하받고 있는 대상을 묻는 유형이며, 문제의 키워드는 celebrated이다. 이때 선지의 내용까지 미리 파악할 필요는 없다.

❷ 단서 파악 | 지문에서 축하받고 있는 대상을 찾아 그 주변 문장까지 점검한다.

문제의 핵심 키워드가 celebrated이므로 이 키워드와 같거나 비슷한 표현이 있는 곳을 찾아 그 주변부터 탐색해 나간다.

Question 3 refers to the following news article.

New York Chronicle
Entertainment Update

Central Park to Hold Independence Day Celebrations

New York (June 19) – Mayor Robert Wagner today announced that Central Park in the center of New York is to hold a series of events on July 4 to mark this year's Independence Day. The national holiday will be celebrated with a number of live concerts performed by the New York Orchestra, followed by recitals from children at local schools. A number of food stalls will be erected in the park so that guests can purchase refreshments throughout the day. Mayor Wagner will give a speech to the crowd before the celebrations conclude with a fireworks display in the evening. The event will begin at 2 P.M. and conclude at 10 P.M. and is free to attend.

문제의 키워드인 celebrated와 연관이 높은 표현을 찾아본다. 지문 초반부에 보니 Central Park to Hold Independence Day Celebrations라는 표현이 눈에 띈다. 이 표현을 통해 독립 기념일을 축하하고 있다는 사실을 파악할 수 있다. 또한 지문 중반부에 보면 The national holiday will be celebrated with a number of live concerts performed by the New York Orchestra, followed by recitals from children at local schools.에서도 celebrated 가 언급이 되어 있으며, 국경일(The national holiday)이 축하받고 있다는 사실이 나와 있다.

❸ **선지 파악** │ 지문에 언급된 정답의 단서와 선지를 비교해 정답을 고른다.

결국 위의 내용으로 비추어볼 때, 이 기사에서는 국경일인 독립기념일(The Indendence Day) 을 축하하고 있다는 사실을 알 수 있으므로 그와 관련된 내용을 선지에서 찾는다.

(A) The election of a new president   새 대통령 선거
(B) The start of a new year   새해 시작
(C) The mayor's birthday   시장의 생일
(D) A national holiday   국경일

따라서 정답은 국경일을 언급한 (D)가 된다.

해석

문제 3번은 다음 뉴스 기사를 참조하시오.

뉴욕 크로니클
최신 연예

독립기념일 기념식을 개최하는 센트럴 파크

뉴욕 (6월 19일) – 로버트 와그너 시장이 오늘 뉴욕 중심지에 위치한 센트럴 파크에서 7월 4 일 올해의 독립기념일을 축하하기 위해 일련의 행사를 개최할 것이라고 밝혔다. 이 국경일은 뉴욕 오케스트라의 다양한 라이브 연주와 뒤이은 지역 학교 어린이들의 연주로 축하될 것이 다. 많은 음식 노점들이 공원에 세워지므로 축하객들은 하루 종일 먹거리를 구매할 수 있다. 와그너 시장은 저녁에 불꽃놀이로 마무리되는 기념식 전에 청중에게 연설을 할 것이다. 이 행 사는 오후 2시에 시작하여 10시에 끝나며 입장은 무료이다.

어휘   mayor 시장   a series of 일련의   mark 기념하다   hold 개최하다   national holiday 국경일   a number of 많은   followed by 뒤이어, 잇달아   recital 발표회, 연주회   stall 가판대, 좌판   erect 세우다   refreshments 다과   fireworks display 불꽃놀이   conclude with ~으로 끝나다   election 선거

정답   (D)

What/Which + 명사 + ~? 문제는 명사의 분야와 관련된 세부 개념을 찾아라

질문이 What으로 시작하는 경우 외에 'What+명사'로 시작하는 문제도 있다. 이 경우에는 그 명사의 분야와 관련된 세부 개념에서 정답의 단서를 찾을 수 있다. 예를 들면 그 명사가 book이라고 하면 book의 세부 개념인 editor, author, publish, sign, release 등이 있는 곳에서 정답의 단서가 제시될 수 있다.

Question 4 refers to the following review.

Local Group Outperforms at City Hall
By Chandra Pine

Last night's performance at City Hall is proof that the local arts scene in Midas City is growing. Local community group Midas Touch gave an outstanding performance of *A Boy in the Wind*, a spellbinding new play by Deborah Missing, a local writer.

The show featured an amazing performance by leading actor Anthony LaPaige, who infused energy and passion into his role. The amazing and spectacular costumes were designed and created by Azaria Bennington. Midas State University professor Gemma Whitman composed the dramatic and piercing score that was in alignment with some striking moments in the play.

Overall, the performance was flawless; however, I think the play itself would have benefitted by the trimming of certain parts. At $15.00 per ticket, it is a great balance of affordability and entertainment. The play has eight more sessions this month. Tickets can be purchased in the City Hall lobby or online at www.midascityhall.net.

4. What type of event is being reviewed? 어떤 행사가 평가되고 있는가?

(A) An international dance performance   국제 댄스 공연
(B) A classical instrumental concert   클래식 콘서트
(C) A theatrical piece   연극 작품
(D) A children's musical   어린이 뮤지컬

문제가 'What+명사'의 형태이므로 그 명사와 관련된 부분에 초점을 맞춘다. What 다음에 type of event라는 명사가 제시되었으므로 '행사의 형태'의 내용과 관련 있는 세부 개념들을 찾아본다. 지문을 보니 행사의 세부 개념인 'performance(공연)', 'show(쇼)', 'play(연극)' 등의 단어들이 눈에 띈다. 특히 첫 번째 단락의 두 번째 문장 Local community group Midas Touch gave an outstanding performance of *A Boy in the Wind*, a spellbinding new play by Deborah Missing, a local writer.에서 *A Boy in the Wind*를 play라고 소개하고 있으므로 (C)를 정답으로 고를 수 있다.

함정 분석

첫 번째 단락에서 performance라는 단어가 제시되어 있고, 선지의 (A)에서도 performance라는 동일한 단어가 언급되어 정답으로 오인하기 쉽다. 하지만 뒷부분의 play가 선지 (C)에서 theatrical piece로 패러프레이징되어 있다는 점에 유의한다.

해석

문제 4번은 다음 리뷰를 참조하시오.

지역 그룹이 시청에서 좋은 결과를 내다
찬드라 파인

어젯밤 시청 공연은 미다스 시의 지역 예술계가 성장하고 있다는 점을 증명해 보였다. 지역 그룹인 미다스 터치는 지역 출신 작가인 데보라 미싱의 매혹적인 새 연극 작품인 <어 보이 인 더 윈드>의 뛰어난 공연을 선보였다.

자신의 역할에 에너지와 열정을 불어넣은 주연 배우 앤서니 라페이지가 이 공연에서 놀라운 연기를 선보였다. 경탄할 만한 화려한 의상들은 아자리아 베닝톤이 디자인하고 제작했다. 미다스 주립대학교의 교수인 젬마 휘트먼은 연극의 결정적인 순간들에 어울리는 극적이고도 예리한 음악을 작곡했다.

전체적으로 공연은 흠잡을 데가 없었다. 하지만 개인적으로 특정 PART를 잘라냈더라면 더 좋았을 것이라고 본다. 장당 15달러의 표 가격으로 이 연극은 저렴한 비용과 오락의 균형을 훌륭하게 맞춘 것이었다. 연극은 이번 달에 8회가 더 남아 있다. 표는 시청 로비나 www.midascityhall.net에서 온라인으로 구매할 수 있다.

어휘   outperform 능가하다, 나은 결과를 내다   local arts scene 지역 예술계   outstanding 뛰어난   spellbinding 매혹적인   leading actor 주연 배우   infuse A into B A를 B에 주입하다   spectacular 멋진, 화려한   compose 작곡하다   dramatic 극적인   piercing 꿰뚫는 듯한, 예리한   score 음악, 작품   in alignment with ~와 잘 맞추어   striking 주목할 만한, 놀라운   flawless 결함 없는   benefit 이익을 얻다   trim 잘라내다   affordability 저렴함

정답   (C)

Practice 3   ▶ 정답 및 해설은 201쪽

Question 3 refers to the following information on a Web site.

Hotelassistant.com

The following four hotels in Mosman match your preferences. For more information about a given hotel, including prices and photographs, click on the hotel name.

	Location	Amenities	Guest Comments
Davidson Hotel	City center, walking distance to city museum and city parks	Complimentary wireless Internet service throughout hotel	"Excellent location though slightly overcrowded. There wasn't enough room to relax. I ordered room service for lunch. Though not first class, it was punctual and fairly priced." - V. Duc Yueng

Hotel Paradise	East Mosman (Close to Mosman Opera House)	Guest Parking	"My room overlooked the famous opera house. It was perfect. The hotel's breakfast was delicious." - S. Ferternan
Devenir Resort	Nine kilometers outside Mosman, close to West Park: complimentary shuttle bus to city center	Conference and business rooms: Internet access in all guest areas	"I attended the City Planning Conference here. The service was flawless, and it was just a short shuttle ride to the buildings, walkways, and public areas we were examining." - S. Baldwin
Canterbury House	City center, near the arts district and sightseeing areas	24-hour business room with full secretarial assistance	"I stay here every March for the nearby Classical Buildings tours. The staff is always very helpful, and I usually get a room with a view of the historic Lady Justice statue." - R. Webber

Disclaimer: Though we endeavor to provide the most accurate and updated information, changes are unavoidable. Hotelassistant.com is not responsible for any inaccurate information, including prices, rates, and advertised features. We would appreciate it if users would bring any inconsistencies to our attention and provide feedback by contacting us at assistant@hotelassistant.com.

3. What is available only at Devenir Resort?

(A) Internet access in the guest rooms
(B) Guest parking
(C) Printing services
(D) Facilities for special events

(2) What 이외의 유형

What 이외에 Why, Where, When, How 등 다른 세부 정보 유형도 마찬가지로 문제에서 언급된 키워드를 파악한 후 그 내용과 연결고리를 맺을 수 있는 부분을 지문에서 찾아 그 주변에서 정답의 단서를 찾는다.

먼저 아래의 문제를 풀어보자.

Question 5 refers to the following advertisement.

Debt Freedom, USA

At Debt Freedom, USA, we understand that receiving many bills each month can be overwhelming. Whether you started building up debt due to a job loss, health issues, or simply an untamed shopping spree, the service specialists at Debt Freedom, USA are trained professionals who can help you both consolidate and pay down your debt. For a minimal fee, our consultants will meet with you to review all of your current debt. You are then required to relinquish all credit cards and to sign an agreement stating that you will not obtain any new credit cards. At that point, our specialist will contact each of your creditors and negotiate deals that make the amount you owe and the due dates more reasonable.

We at Debt Freedom, USA are not happy until each of our customers expresses a sigh of relief upon seeing the monthly payment we have negotiated. In addition to this service, we also offer money management classes where we will work with your specific income to create a reasonable monthly budget for you and your family.

Please call us at 392-5542 to schedule an appointment with one of our agents today or visit our Web site at www.debtfreedomusa. com to learn more.

5. Why do people contact Debt Freedom, USA?

(A) To obtain a new credit card
(B) To get a loan for a house
(C) To make a financial plan
(D) To file for bankruptcy

☀ 이렇게 해결해요!

❶ 문제 파악 | 먼저 문제를 읽고 키워드를 확인한다.

Why do people contact Debt Freedom, USA?

사람들이 Debt Freedom, USA에 연락하는 이유는 무엇인가?

➡ 사람들이 Debt Freedom, USA에 연락하는 이유를 묻는 세부 정보 문제이다. 문제의 키워드는 연락한다는 의미의 contact이므로 지문에서 연락이나 접촉과 관련된 내용을 찾아본다.

❷ 단서 파악 | 지문에서 contact와 관련된 내용을 찾아 그 주변 문장까지 점검한다.

Debt Freedom, USA

At Debt Freedom, USA, we understand that receiving many bills each month can be overwhelming. Whether you started building up debt due to a job loss, health issues, or simply an untamed shopping spree, the service specialists at Debt Freedom, USA are trained professionals who can help you both consolidate and pay down your debt. For a minimal fee, our consultants will meet with you to review all of your current debt. You are then required to relinquish all credit cards and to sign an agreement stating that you will not obtain any new credit cards. At that point, our specialist will contact each of your creditors and negotiate deals that make the amount you owe and the due dates more reasonable.

We at Debt Freedom, USA are not happy until each of our customers expresses a sigh of relief upon seeing the monthly payment we have negotiated. In addition to this service, we also offer money management classes where we will work with your specific income to create a reasonable monthly budget for you and your family.

Please call us at 392-5542 to schedule an appointment with one of our agents today or visit our Web site at www.debtfreedomusa.com to learn more.

지문 중반부 At that point, our specialist will contact each of your creditors and negotiate deals that make the amount you owe and the due dates more reasonable.에 contact가 언급되어 있음을 알 수 있다. 즉, 컨설턴트들이 당신이 현재 지고 있는 모든 빚을 검토하기 위해 당신을 만날 것이라는 내용이 있으므로, 상대적으로 사람들이 Debt Freedom, USA에 연락하는 이유는 현재 지고 있는 빚 문제 때문임을 알 수 있다.

❸ 선지 파악 | 지문에 언급된 정답의 단서와 선지를 비교해 정답을 고른다.

지문에서 언급된 빚을 점검하고 검토한다는 내용은 선지의 내용 중에서 재정 계획을 수립해 준다는 의미와 가장 잘 부합하는 내용이다.

(A) To obtain a new credit card   새로운 신용카드를 얻기 위하여

(B) To get a loan for a house   주택 대출을 받기 위하여

(C) To make a financial plan   재정 계획을 수립하기 위하여

(D) To file for bankruptcy   파산 신청을 하기 위하여

따라서 정답은 재정 계획을 언급한 (C)이다.

해석

문제 5번은 다음 광고를 참조하시오.

Debt Freedom, USA

저희 Debt Freedom, USA는 매달 계산서 세례를 받는 것이 감당하기 힘들 수 있다는 것을 이해합니다. 빚이 쌓이기 시작한 게 실직, 건강 문제, 또는 단순히 억제할 수 없는 소비 습관 때문이든 아니든, Debt Freedom, USA의 서비스 전문가들은 당신의 빚을 통합하고 상환하는 것 모두를 도울 수 있는 훈련된 전문가들입니다. 최소한의 비용으로, 저희 컨설턴트들이 당신이 현재 지고 있는 모든 빚을 검토하기 위해 당신을 만날 것입니다. 그러면 당신은 모든 신용카드를 포기하고 새로운 신용카드를 얻지 않겠다고 진술하는 동의서에 사인할 것을 요구 받을 것입니다. 그 시점에서, 저희 전문가는 당신의 각 채권자들과 접촉하여 당신이 빚지고 있는 액수와 만기일을 좀더 합리적으로 만드는 거래를 협상할 것입니다.

저희 Debt Freedom, USA는 고객 한 분 한 분이 저희가 협상한 월 지불액을 보고 안도의 한숨을 내쉬기 전까지 만족하지 않습니다. 이 서비스 외에도 저희는 당신의 특정 소득을 가지고 당신과 당신의 가족을 위한 적절한 월 예산을 세우는 자금관리 강습을 제공합니다.

오늘 392-5542로 전화하셔서 우리 직원과의 약속 시간을 잡으시거나 보다 자세한 정보를 원하시면 www.debtfreedomusa.com을 방문해 주십시오.

어휘　overwhelming (수적으로) 압도적인, 저항하기 힘든　whether A or B A이든지 B이든지 간에　build up debt 빚을 쌓다　job loss 실직　health issues 건강 문제　untamed 길들여지지 않은, 억제할 수 없는　shopping spree 소비 습관　service specialist 서비스 전문가　trained professional 훈련된 전문가　consolidate and pay down your debt 당신의 빚을 통합하고 상환하다　for a minimal fee 아주 적은 비용으로　review 검토하다　be required to do ~하도록 요구되다　relinquish all credit cards 모든 신용카드를 포기하다　sign an agreement 계약서에 서명하다　at that point 그 시점에서　creditor 채권자　negotiate deals 거래를 협상하다　amount you owe 당신이 빚진 금액　due date 만기일　reasonable 합리적인　express a sigh of relief 안도의 한숨을 내쉬다　monthly payment 월 지불금　money management 자금 관리　specific income 특정 소득　schedule an appointment 약속[예약] 일정을 잡다　agent 직원

정답　(C)

Practice 4 ▶ 정답 및 해설은 204쪽

Question 4 refers to the following e-mail.

From: amyzhao@email.com
To: complains@pomo.com
Date: May 14
Subject: Suspicious seller

Dear Pomo,

I have been a fan of your services for the past three years. I have been fortunate enough not to encounter any sellers that scammed me. However, I believe that I have been scammed. The shop is Skyblue Earrings. I saw that it sells glow-in-the-dark jewelry, so I purchased a set of its earrings. It's been three months since I ordered them, and now it is way past the estimated delivery date, which was March 21. I thought the delivery might have been delayed because the store is busy, but when I uploaded a review/comment about the delay, I was blocked from the shop. Please suspend them and give me a refund. My order number is 000000E289289.

Sincerely,

Amy Zhao

4. Why Ms. Zhao decide she was cheated?

(A) Her purchase was not processed on her credit card.
(B) Her colleagues had the same problems.
(C) Her complaint was not accepted.
(D) Her product was faulty.

03강

사실 확인(True)

☑ 출제 경향

사실 확인 유형 중 True 유형은 전체 내용을 파악해야 하는 경우와 특정 내용을 파악해야 하는 경우로 크게 나눌 수 있다. 각 유형에 따라 풀이 접근 방식을 달리 적용하는 것이 효율적이다. 정기토익에서는 Not True 유형보다도 다소 출제율이 높은 편이며, 지문을 전반적으로 검토해야 단서를 찾을 수 있으므로 풀이 시간이 다른 유형에 비해 많이 소요될 수밖에 없다. 따라서 어떤 요령보다는 아래의 문제 풀이 전략을 바로 대입하여 차근차근 풀어나가는 전략이 바람직하다.

● 빈출 문제 유형

▪ 세부 내용에 대해 묻는 경우

- What is stated[mentioned, indicated] about ~?
  ~에 대해 언급된 것은 무엇인가?

- What is true about[of] ~?   ~에 대해 사실인 것은 무엇인가?

- What do(es) ... indicate[mention] about ~?
  …가 ~에 대해 언급한 것은 무엇인가?

- What do(es) ... state[mention, indicate] ~?   …가 무엇을 언급하고 있는가?

- What kind of benefit is mentioned about ~?
  ~의 혜택으로 언급된 것은 무엇인가?

▪ 전체 내용에 대해 묻는 경우

- What is stated about the advertisement?
  이 광고 중에서 사실인 것은 무엇인가?

- What is mentioned about the article?
  이 기사 중에서 사실인 것은 무엇인가?

- What is indicated about the notice?
  이 공지 중에서 사실인 것은 무엇인가?

해결 전략 ①

문제에서 파악한 키워드와 동일하거나
비슷한 부분을 지문에서 찾는다!

▶ 무엇인 사실인지를 묻는 사실 확인(True) 유형은 일단 문제의 키워드를 확인하는 작업이 우선적으로 이루어져야 한다. 키워드를 파악했다면 선지의 내용은 보지 말고, 일단 그 키워드와 동일하거나 유사한 부분을 지문 내에서 찾아나가야 한다.

Question 6 refers to the following correspondence.

Dear Club Member,

This coming weekend is your last opportunity to register for the Summer Tennis Circuits. Circuits are a great way to stay active, to challenge yourself, and to meet new playing partners. We have all levels of adults playing, from beginner-intermediate to semi-professional level. Sign up now for singles, doubles, or mixed doubles. The fee is $10 per player, or you can save yourself $2 by registering online at www.montevistasports. com. The summer circuit runs from May 15 to August 15. If you need help finding a doubles partner, or if you have any questions regarding playing in the circuits, please let me know.

Club Store Manager Judy Greenwood has a fun racket demo night planned that you want to be sure to mark down on your calendar. It will be held on Friday, June 4, from 6 P.M. to 8 P.M. and will include a barbeque. It is an opportunity to try out the newest Arm&Head rackets and to receive 20% off those purchased that evening. A sales rep from Arm&Head will be here with the brand-new Tech Star series for you to demo. There will be rackets for every level of play. So come on over to the club. We are looking forward to helping you get a great value on your next racket purchase. So make sure you mark your calendars for our next demo night at the club!

Regards,

Ryan P. Adams, Program Director

6. What kind of benefit is mentioned about the circuit?

(A) Making extra money
(B) Socializing opportunities
(C) Earning academic credits
(D) Being a great introduction to tennis for children

☀️ 이렇게 해결해요!

❶ 문제 파악 | 먼저 문제를 읽고 어떤 유형인지 파악한다.

What kind of benefit is mentioned about the circuit?
서킷의 혜택에 대해 언급된 것은 무엇인가?

위 문제의 키워드는 benefit과 circuit이다. 따라서 서킷의 혜택을 키워드로 삼아 지문을 읽어 나간다. 지문 내의 어느 특정 내용에 한정하여 묻고 있다면 선지의 키워드까지 숙지할 필요는 없으며, 문제의 키워드만 파악한 후 그 키워드와 비슷한 표현들을 찾아본다.

Question 6 refers to the following correspondence.

Dear Club Member,

This coming weekend is your last opportunity to register for the Summer Tennis Circuits. Circuits are a great way to stay active, to challenge yourself, and to meet new playing partners. We have all levels of adults playing, from beginner-intermediate to semi-professional level. Sign up now for singles, doubles, or mixed doubles. The fee is $10 per player, or you can save yourself $2 by registering online at www.montevistasports. com. The summer circuit runs from May 15 to August 15. If you need help finding a doubles partner, or if you have any questions regarding playing in the circuits, please let me know.

Club Store Manager Judy Greenwood has a fun racket demo night planned that you want to be sure to mark down on your calendar. It will be held on Friday, June 4, from 6 P.M. to 8 P.M. and will include a barbeque. It is an opportunity to try out the newest Arm&Head rackets and to receive 20% off those purchased that evening. A sales rep from Arm&Head will be here with the brand-new Tech Star series for you to demo. There will be rackets for every level of play. So come on over to the club. We are looking forward to helping you get a great value on your next racket purchase. So make sure you mark your calendars for our next demo night at the club!

Regards,

Ryan P. Adams, Program Director

➡ 문제의 키워드를 파악했다면 이제 그 단어와 관련된 부분을 지문에서 찾아 빠르게 스캐닝해 나간다. 이 유형은 지문 내 특정 단어에 대한 언급이 있는 문제이므로 지문을 읽기 전에 4개 선지의 내용을 먼저 참조할 필요는 없다.

↪ 서킷의 혜택은 첫 번째 단락의 두 번째 문장 Circuits are a great way to stay active, to challenge yourself, and to meet new playing partners.에 제시되어 있다. 활발한 상태의 유지, 자신에 대한 도전, 그리고 새로운 파트너를 만나는 것으로 묘사되고 있다.

❸ 선지 파악 | 지문에서 찾은 단서와 선지를 대조하여 정답을 고른다.

(A) Making extra money　　부수입 올리기

(B) Socializing opportunities　　사교의 기회

(C) Earning academic credits　　학점 따기

(D) Being a great introduction to tennis for children
　　아이들을 위한 훌륭한 테니스 입문 과정

↪ 지문에서 서킷에 대해 언급된 내용을 통해 서킷의 혜택이 활발한 상태의 유지, 자신에 대한 도전, 그리고 새로운 파트너를 만나는 것임을 파악하였다. 이 내용에 따라 선지 중 (B)가 세 번째 사항에 해당된다는 사실을 알 수 있다. 따라서 정답은 (B)가 된다.

해석

문제 6번은 다음 서신을 참조하시오.

클럽 회원님께,

다가오는 주말은 여름 테니스 서킷에 등록할 마지막 기회입니다. 서킷은 활동적인 상태를 유지하고, 자신에게 도전하며, 새로운 경기 파트너를 만날 수 있는 좋은 방법입니다. 저희는 초급부터 중급, 그리고 세미 프로 수준까지 모든 수준의 성인 회원들이 있습니다. 단식, 복식, 그리고 혼합 복식에 지금 등록하세요. 등록비는 1인당 10달러이고, www.montevistasports.com을 통해 온라인으로 등록하면 2달러를 절약할 수 있습니다. 여름 서킷은 5월 15일부터 8월 15일까지 운영됩니다. 복식 파트너를 찾는 데 도움이 필요하시거나 서킷에서 경기하는 것에 대해 질문이 있으시면, 제게 알려주세요.

클럽 스토어 매니저인 주디 그린우드는 여러분이 달력에 표시해 두고 싶을 만큼 재미있는 라켓 시범설명회 밤을 계획하고 있습니다. 이 행사는 6월 4일 금요일 오후 6시부터 8시까지 열리며, 바비큐도 포함됩니다. 이 자리에서는 최신형 '암 앤 헤드' 라켓을 사용해 볼 수 있고, 그날 저녁 구매하는 제품은 20퍼센트 할인도 받을 수 있습니다. 암 앤 헤드 영업사원이 테크 스타 시리즈 제품들을 가지고 참석하여 여러분을 위해 시범설명을 해드릴 것입니다. 모든 경기 수준을 위한 라켓들이 준비될 것입니다. 그러니 클럽으로 오세요. 저희는 여러분이 저렴한 가격으로 다음 라켓을 구매하시는 것을 도와드리고자 합니다. 그러므로 클럽에서 열리는 저희의 다음 시범설명회 밤 행사를 달력에 잊지 말고 표시해 두세요!

라이언 P. 애덤스, 프로그램 책임자

Practice 5   ▶정답 및 해설은 202쪽

Question 5 refers to the following advertisement.

Monaco-Ville Community Center

Located just a short 10-minute drive from downtown Monaco-Ville in a scenic mountain setting, the Monaco-Ville Community Center (MCC) is the community's new center for leisure, exercise, and relaxation. The MCC is a great place for families and singles to get a massage, to play sports, to go swimming, and even to have a nap in our sunroom.

With a variety of things to keep you busy and a variety of ways to relax, the MCC is an ideal place for family get-togethers and short business meetings as well as a comfortable spot to meet other singles. For an extra charge, we will provide a personal bath accessory package.

For memberships, please call the front desk at (404) 555-3242 or send us an e-mail at members@mcc.com. To contact our onsite coordinator, please call (404) 555-1020.

5. What is indicated about the Monaco-Ville Community Center?

(A) It is located in the heart of town.
(B) It offers massages.
(C) It provides catering services.
(D) It has a café in the building.

🏳 해결 전략 ❷

전체 내용에서 사실 확인을 해야 한다면
선지의 키워드를 숙지하고 지문의 내용과 대조한다!

▶ 지문 전반에 걸친 사실에 대해 파악해야 한다면 난도는 세부 사항에 대한 사실을 묻는 문제보다 훨씬 높아진다. 이 경우에는 문제의 키워드보다는 선지의 키워드들을 확인해야 한다. 선지의 키워드들을 간단히 숙지한 후 그와 동일하거나 비슷한 유형을 지문에서 찾아 대조해 가며 정오답 유무를 파악해 나가야 한다.

Question 7 refers to the following e-mail.

To:	P&G Executives
From:	Business Operations Committee
Date:	July 14
Subject:	Future Strategies

The P&G Corporation has manufactured high-end construction machinery for over 40 years. We have a great reputation for the quality of our products and customer service. Unfortunately, we are currently experiencing the most difficult time in our history. Our manufacturing costs have risen steadily over the last 20 months as we all know. Several experts have advised us that we need to increase our prices so that they will cover the costs. We see it as a very discouraging move to our devoted customer base.

Please note that our business ideas and strategies have been very effective. What we are proposing is an increase in funding for the Research and Development Department so we can meet the current needs of a maturing marketplace.

7. What is stated about the P&G Corporation?

(A) It is well regarded in its field.
(B) It constructs commercial buildings.
(C) It has invested in research equipment.
(D) It is a multinational company.

☀ 이렇게 해결해요!

❶ 문제 파악 | 먼저 문제를 읽고 어떤 유형인지 파악한다.

What is stated about the P&G Corporation?
P&G 주식회사에 대해 언급된 내용은 무엇인가?

➡ be stated about ~을 통해 P&G 주식회사에 대해 사실인 정보를 묻는 문제임을 알 수 있다. P&G 주식회사에 대한 내용은 지문 전반에 걸쳐 언급되어 있으므로 전체 내용을 묻는 문제로 분류해야 한다.

❷ 선지 파악 | 선지의 키워드를 숙지한다.

(A) It is well regarded in its field.　그 분야에서 인정받고 있다.
(B) It constructs commercial buildings.　상업 건물을 건축한다.
(C) It has invested in research equipment.　연구 장비에 투자했다.
(D) It is a multinational company.　다국적 기업이다.

➡ 사실 확인(True) 문제 중 특정 단어에 대한 언급이 아니라 전체 사항을 묻는 유형은 문제뿐만 아니라 선지의 키워드까지도 미리 파악하고 그 내용과 관련된 부분을 지문에서 역으로 찾아가는 방식이 효과적이다. 왜냐하면 선지의 키워드를 미리 읽어두면 설사 그 중 3가지가 틀린 정보라 하더라도 지문을 읽을 때 염두에 두어야 할 기준 사항을 미리 설정할 수 있기 때문이다. P&G 주식

회사가 특정 단어처럼 여겨지지만 지문 대부분의 내용을 아우르는 단어이므로 선지의 키워드까지도 입력한 후 지문을 대한다. 선지를 통해 분야에서의 인정, 상업 건물 건축, 연구 장비에 투자, 다국적 기업이라는 핵심 키워드를 염두에 두고 지문을 읽어나간다.

❸ **단서 파악** | 선지에서 파악한 키워드를 지문과 대조하며 단서를 찾는다.

Question 7 refers to the following e-mail.

To: P&G Executives
From: Business Operations Committee
Date: July 14
Subject: Future Strategies

The P&G Corporation has manufactured high-end construction machinery for over 40 years. (A) We have a great reputation for the quality of our products and customer service. Unfortunately, we are currently experiencing the most difficult time in our history. Our manufacturing costs have risen steadily over the last 20 months as we all know. Several experts have advised us that we need to increase our prices so that they will cover the costs. We see it as a very discouraging move to our devoted customer base.
Please note that our business ideas and strategies have been very effective. What we are proposing is an increase in funding for the Research and Development Department so we can meet the current needs of a maturing marketplace.

선지의 내용과 지문을 연계해 보았을 때, 지문의 great reputation이 선지 (A)의 핵심 키워드와 유사하다. (A)를 통해 P&G 사가 평판이 아주 좋은 회사임을 알 수 있으며, 이는 선지 (A)에서 해당 분야에서 인정받고 있다는 내용, 즉 well regarded in its field로 패러프레이징되어 제시되고 있음을 알 수 있다. 따라서 정답은 (A)이다. 하지만 (B) 상업 건물 건축, (C) 연구 장비 투자, 그리고 (D)의 다국적 기업과 관련된 내용은 지문 내용 어디에도 등장하지 않는다.

문제 7번은 다음 이메일을 참조하시오.

수신: P&G 임원
발신: 사업 운영 위원회
날짜: 7월 14일
제목: 미래 전략

P&G 주식회사는 40년이 넘도록 최고급 건설 기계를 제작해 왔습니다. 저희는 제품의 품질과 고객 서비스로 명성이 자자합니다. 안타깝게도, 현재 저희는 회사 역사상 가장 어려운 시기를 겪고 있습니다. 모두가 인지하고 있듯이, 지난 20개월 동안 생산 비용이 꾸준히 상승했습니다. 여러 전문가들은 생산 비용을 충당할 수 있도록 가격을 인상해야 한다고 조언했습니다. 이것은 저희의 헌신적인 고객님께는 상당히 낙담스러운 조치라고 생각합니다.

저희 사업 아이디어와 전략들이 매우 효과적이었다는 점을 유념해 주십시오. 저희는 포화 상태인 시장의 현 요구 사항을 충족시키기 위해 연구 개발 부서의 자금 지원을 늘릴 것을 제안하는 바입니다.

어휘 high-end 고급의 machinery 기계류 have a great reputation for ~에 대해 명성이 자자하다 experience 겪다, 경험하다 manufacturing costs 생산 비용 steadily 꾸준히 discouraging 낙담스러운 devoted 헌신적인 meet the needs 요구 사항을 충족시키다 maturing 포화 상태의

정답 (A)

Practice 6 ▶ 정답 및 해설은 203쪽

Question 6 refers to the following article.

Ash Technologies Released New Laptop Computer

San Jose – Ash Technologies has recently released its Ultra Speed, a new concept for laptop computers that focuses on low price and portability without sacrificing much of the performance that desktop computers have. Ultra Speed, the latest laptop computer developed by top computer engineers at Ash Technologies, is ready to be popular among office workers, sophisticated computer users and college students who are looking for a fantastic deal. It's one of the few laptops, which gives you great computer graphics, a surplus of memory, and a variety of multimedia features that usually cost extra.

In an interview with *Silicon Valley Magazine*, Andrew Kim, the CEO of Ash Technologies, said he was very delighted with the positive reviews on Ultra Speed. He made sure to emphasize that the lower price will make it affordable for anyone who'd like to purchase it. Now, it's time to look for your own Ultra Speed in nearby electronics stores.

---

6. What is stated about the Ultra Speed?

(A) It offers a lifetime warranty.
(B) It provides a long battery life.
(C) It was created by competent technicians.
(D) It has received favorable reviews by computer engineers.

04강

주제 & 목적

✔️ 출제 경향

주제나 목적을 묻는 유형은 매회 평균 5.48개꼴로 등장할 정도로 출제 비중이 높은 편이며, 주로 이메일이나 공지 또는 기사 지문에서 많이 출제되고 있다. 시험에서는 대개 지문의 첫 번째 문제로 많이 등장하며, 단서는 대부분 지문의 앞부분에 등장하기 때문에 이 문제 유형이 나오면 일단 지문 초반 세 문장에 집중한다. 또한 광고나 기사, 혹은 설명서와 같은 지문에서는 제목으로도 대략 지문의 주제나 목적을 파악할 수 있으므로 지문의 종류도 아울러 눈여겨봐야만 한다.

◉ 빈출 문제 유형

▪ 주제

- What is ~ (mainly) about?   ~은 (주로) 무엇에 대한 내용인가?
- What does ~ (mainly) discuss?   ~은 (주로) 무엇을 논의하고 있는가?
- What is the topic of ~?   ~의 주제는 무엇인가?

▪ 목적

- Why was ~ written?   ~은 왜 작성되었는가?
- Why was ~ sent to …?   ~가 왜 …에게 보내졌는가?
- What is the purpose of ~?   ~의 목적은 무엇인가?

🚩 해결 전략 ①

주제 & 목적이 지문 초반부에 제시되면
지문 초반부의 세 문장 이내에 집중한다!

▶ 주제 & 목적 유형은 대부분 지문 초반부의 세 문장 이내에서 주제 & 목적의 단서를 포착할 수 있으므로 주제 & 목적 유형을 발견하면 무조건 지문 초반부 세 문장에 집중해야 한다.

Question 8 refers to the following e-mail.

To:	[undisclosed recipients]
From:	Shana Newton <snewton@healthone.com>
Date:	January 20
Subject:	Your Visit on January 16

Dear Patient,

I want to thank you for choosing and trusting us to help with your medical needs. You are receiving this e-mail because you recently made a visit to our office, and below is a link to a survey (that can be taken anonymously) regarding your visit with us. We are always trying to improve our delivery of care, and this survey will be very helpful with that process.

We STRIVE FOR FIVES, especially on the question "I would recommend this practice to family and friends. Do you agree or disagree?" If you do not STRONGLY AGREE with this question, I would love to know why! Thank you on behalf of the physicians and staff of Health One.

{Click Here to Take Survey}

Sincerely,

Shana Newton
Business Manager, Health One

8. What is the purpose of the e-mail?

(A) To request feedback
(B) To process a payment
(C) To respond to a phone message
(D) To inquire about insurance policies

☀ 이렇게 해결해요!

❶ **문제 파악** | 먼저 문제를 읽고 어떤 유형인지 파악한다.

What is the purpose of the e-mail?　이메일의 의도는 무엇인가?

질문을 보니 purpose가 언급되었으므로 주제&목적 유형임을 알 수 있다.

❷ **단서 파악** | 이제 지문을 읽으며 단서의 위치를 찾아본다.

Question 8 refers to the following e-mail.

To:	[undisclosed recipients]
From:	Shana Newton <snewton@healthone.com>
Date:	January 20
Subject:	Your Visit on January 16

Dear Patient,

I want to thank you for choosing and trusting us to help with your medical needs. You are receiving this e-mail because you recently made a visit to our office, and below is a link to a survey (that can be taken anonymously) regarding your visit with us. We are always trying to improve our delivery of care, and this survey will be very helpful with that process.

We STRIVE FOR FIVES, especially on the question "I would recommend this practice to family and friends. Do you agree or disagree?" If you do not STRONGLY AGREE with this question, I would love to know why! Thank you on behalf of the physicians and staff of Health One.

{Click Here to Take Survey}

Sincerely,

Shana Newton
Business Manager, Health One

선지는 보지 말고 먼저 지문 초반부 세 문장에 집중한다. 유형의 특성상 지문 초반에 해당 지문을 쓴 취지가 제시될 확률이 높기 때문이다. 지문 초반부 You are receiving this e-mail because you recently made a visit to our office, and below is a link to a survey (that can be taken anonymously) regarding your visit with us.를 통해 이메일의 의도가 드러나고 있다. 즉, '귀하께서 이 이메일을 받은 것은 최근 저희 병원을 방문하셨기 때문이고, 아래에 있는 링크는 귀하의 방문과 관련된 설문조사(익명으로 할 수 있음)를 위한 것이다.'라고 목적을 구체적으로 명시하고 있다.

❸ **선지 파악** │ 지문에서 찾은 정답의 단서와 선지를 비교하여 정답을 고른다.

(A) To request feedback   피드백을 요청하는 것
(B) To process a payment   지불을 처리하는 것
(C) To respond to a phone message   전화 메시지에 응답하는 것
(D) To inquire about insurance policies   보험 약관에 대해 문의하는 것

결국 위의 내용으로 비추어볼 때, 이 이메일의 목적은 설문조사를 하기 위한 것이므로 이와 관련된 내용의 선지를 고른다. 지문의 단서는 설문조사와 관련된 a link to a survey이며, 이는 (A)의 표현으로 패러프레이징되었음을 알 수 있다.

해석

문제 8번은 다음 이메일을 참조하시오.

수신: [비공개 수령인들]
발신: 샤나 뉴턴 <snewton@healthone.com>
날짜: 1월 20일
제목: 1월 16일 귀하의 방문

환자 분께,

귀하의 치료를 돕기 위해 저희를 선택하고 신뢰해 주신 것에 대해 감사드리고 싶습니다. 귀하

께서 이 이메일을 받은 것은 최근 저희 병원을 방문하셨기 때문이고, 아래에 있는 링크는 귀하의 방문과 관련한 설문조사(익명으로 할 수 있음)를 위한 것입니다. 저희는 의료 서비스 개선을 위해 항상 노력하고 있으며, 이 설문조사는 그 과정에 큰 도움이 될 것입니다.

저희는 특히 "나는 가족과 친구들에게 이 병원을 추천하겠습니다. 동의하십니까, 동의하지 않습니까?"라는 질문에 5점(만점)을 받기 위해 노력합니다. 만약 이 질문에 전적으로 동의하지 않으신다면, 그 이유를 알고 싶습니다! 헬스원의 의사들과 직원들을 대표하여 감사드립니다.

(설문에 참여하시려면 여기를 클릭하세요)

샤나 뉴턴
헬스원 영업부장

어휘 link 연결, 링크 survey 설문조사 anonymously 익명으로 regarding ~와 관련하여 on behalf of ~을 위하여 physician (내과) 의사

정답 (A)

Practice 7 ▶ 정답 및 해설은 203쪽

Question 7 refers to the following letter.

Dear Berkley Community Residents,

As many of you know, I will be cycling for local charities at this year's State Crossing, a 496 mile ride through the hills and plains up north on June 4. It is my hope that many of you will choose to sponsor me for this special event. With your help, we can do a lot of good for people in need in our community.

7. Why was this letter written?

(A) To inform people of a local charity event
(B) To ask for financial support from residents
(C) To sign up for a yearly road bicycle racing tour
(D) To announce the launch of a new organization

🚩 해결 전략 ②

지문 초반부에서 주제&목적에 대한 단서를 파악하지 못한다면
각 단락의 첫 문장들을 요약해 본다!

▶ 주제&목적 유형은 대부분 지문 초반부의 세 문장 이내에서 주제&목적의 단서가 포착되는 경우가 있으나, 간혹 난도가 높은 문제에서는 지문 초반부를 훑어도 단서가 파악되지 않는 경우가 생길 수도 있다. 이 경우에는 빠르게 각 단락의 첫 문장을 요약하며 글쓴이의 의도를 파악해야 한다.

Question 9 refers to the following article.

Nagasaki (June 14) - Artist Akemi Kitagawa, who specializes in landscape watercolors, has been traveling around the more rural parts of her country for the past 5 years and painting the entire time. She takes photos of her pieces and posts them almost daily on her blog, which can be viewed at www.travelandpaint.com.

Also on her blog are diary-like entries recording her adventures on her travels. She describes individuals she meets as well as different cultures and dialects she encounters, and she shares her private thoughts while on long, lonely stretches of road.

Ms. Kitagawa's site has drawn a large following. For those blog readers who agreed to take a brief survey, the top demographic for these readers is female college graduates in their mid-twenties and early-thirties. One anonymous reader commented on the blog, "I visit here every day because Akemi is living the life I feel I missed out on — one of adventure and self-discovery."

When asked what inspired her to start her blog, Ms. Kitagawa explained, "Honestly, it first started out simply as a digital journal — a way to record my thoughts while on this journey. Only after my readership kept increasing did I realize that others would be interested in anything I had to say. I'm happy to share my thoughts, however personal or simple, with the world."

9. What is the subject of the article?

(A) A painter's personal experiences
(B) New trends in photography
(C) Different cultures in Japan
(D) Traveling on rural roads in Japan

☀ 이렇게 해결해요!

❶ 문제 파악 | 먼저 문제를 읽고 어떤 유형인지 파악한다.

What is the subject of the article? 기사의 주제는 무엇인가?

subject를 통해 글의 주제를 묻는 문제임을 알 수 있다.

❷ 단서 파악 | 이제 지문을 읽으며 단서의 위치를 찾아본다.

Question 9 refers to the following article.

Nagasaki (June 14) - Artist Akemi Kitagawa, who specializes in landscape watercolors, has been traveling around the more rural parts of her country for the past 5 years and painting the entire time. She takes photos of her pieces and posts them almost daily on her blog, which can be viewed at www.travelandpaint.com.

Also on her blog are diary-like entries recording her adventures on her travels. She describes individuals she meets as well as different cultures and dialects she encounters, and she shares her private thoughts while on long, lonely stretches of road.

Ms. Kitagawa's site has drawn a large following. For those blog readers who agreed to take a brief survey, the top demographic for these readers is female college graduates in their mid-twenties and early-thirties. One anonymous reader commented on the blog, "I visit here every day because Akemi is living the life I feel I missed out on — one of adventure and self-discovery."

When asked what inspired her to start her blog, Ms. Kitagawa explained, "Honestly, it first started out simply as a digital journal — a way to record my thoughts while on this journey. Only after my readership kept increasing did I realize that others would be interested in anything I had to say. I'm happy to share my thoughts, however personal or simple, with the world."

주제&목적 유형은 대부분 지문 초반부에 정답의 단서가 있지만 전반적으로 약 20% 가량은 지문 전체를 읽어야 정답의 단서가 보이는 고난도 문제로 출제되는 경향이 있다. 이 경우에는 풀이 전략을 바꿔 각 단락의 내용을 빠르게 요약하며 지문에서 전달하려고 하는 핵심 이슈가 무엇인지 파악해야 한다.

지문 초반부를 읽어도 명확히 지문의 의도를 파악하기 어렵다. 이 경우에는 각 단락의 초반부를 훑으며 빠르게 요약을 해본다. 먼저 첫 번째 단락은 어떤 미술가가 여행을 하며 그림을 그리고 그 사진을 찍어 자신의 블로그에 올리고 있다고 하고 있고, 두 번째 단락은 그 블로그에 자신의 여행과 관련된 경험들을 기록하고 있다고 한다. 세 번째 단락은 이 미술가는 많은 팔로어를 보유하고 있다고 하며, 네 번째 단락에서는 블로그를 시작하게 된 계기를 설명하고 있다.

❸ **선지 파악** │ 지문에서 찾은 정답의 단서와 선지를 비교하여 정답을 고른다.

(A) A painter's personal experiences   어느 화가의 개인적 경험
(B) New trends in photography   사진의 새로운 트렌드
(C) Different cultures in Japan   일본의 다양한 문화
(D) Traveling on rural roads in Japan   일본의 시골길 여행

⇨ 따라서 이 4가지의 정보를 요약할 때 어느 화가가 사진을 찍어 올리며 많은 팔로워들과 블로그에서 교류하고 있다는 내용으로 압축할 수 있으므로 (A)가 가장 적합하다.

해석

문제 9번은 다음 기사를 참조하시오.

나가사키 (6월 14일) – 풍경 수채화를 전문으로 하는 미술가인 아케미 기타가와는 지난 5년간 자국의 시골 지역을 가능한 많이 여행하며 줄곧 그림을 그려 왔다. 그녀는 자기 작품의 사진을 찍어 거의 매일 자신의 블로그에 올리고 있는데, www.travelandpaint.com에서 볼 수 있다.

또한 그녀의 블로그에는 여행 중에 있었던 모험들을 기록한 일기 같은 항목들도 있다. 그녀는 자신이 만나는 사람들과 자신이 마주치는 다양한 문화와 방언들을 기술하며, 길고 외로운 여정 가운데 떠오르는 개인적인 생각들을 나누고 있다.

기타가와 씨의 사이트는 엄청난 팔로워를 보유하고 있다. 간단한 설문조사에 응한 블로그 독자들을 보면, 이들의 최대 인구 집단은 20대 중반이나 30대 초반의 여성 대졸자이다. 어느 익명의 독자가 블로그에 이런 말을 남겼다. "내가 매일 여기 들르는 이유는 아케미가 내가 놓쳤다고 생각한 삶, 모험과 자기발견의 삶을 살고 있기 때문입니다."

블로그를 시작하게 된 계기에 관한 질문을 받았을 때 기타가와 씨는 이렇게 설명했다. "솔직히 처음에는 단순히 하나의 디지털 저널로 시작한 거예요. 여행을 하는 동안 제 생각들을 기록하는 하나의 방법일 뿐이었죠. 독자들이 계속 늘어나기 시작한 후에야 저는 다른 사람들이 제가 말하는 어떤 것이든 관심을 가질 것이라는 점을 깨달았어요. 제 생각을 세상과 공유하는 것이 행복합니다, 그것이 아무리 개인적인 것이든 단순한 것이든 말이죠."

어휘

specialize in ~을 전문으로 하다 landscape watercolor 풍경 수채화 rural 시골의, 지방의 take photos of ~의 사진을 찍다 post (웹사이트·블로그에) 올리다 diary-like 일기 같은 entry (표제어로 시작되는) 항목 dialect 방언, 사투리 encounter 마주치다, 직면하다 stretch (길게 뻗어 있는) 구간, (한동안 계속되는) 기간 following 추종자, 팬 the top demographic (인구통계학적인) 최대 인구 집단 anonymous 익명의 miss out on ~을 놓치다 readership 독자층, 독자수

정답 (A)

Practice 8 ▶ 정답 및 해설은 204쪽

Question 8 refers to the following notice.

Notice

Denver International Airport is proud to announce wireless Internet access throughout the entire airport. The airport's wireless service provider has provided us with access anywhere in the airport around the clock. We would like to pass along the use of this service to you, our customer. The service will be absolutely free of charge, and all you have to have is a laptop computer.

For those passengers that do not have laptop computers, we have two computer centers at Terminals A and B. On our airport maps, they are indicated by a green picture of a computer.

If you need assistance with a computer or your own personal computer, please visit the help desk located at Gate 14 in Terminal B. We would be more than happy to assist you.

---

8. What is the purpose of this notice?

(A) To request assistance
(B) To publicize a service
(C) To advertise merchandise
(D) To request directions

동의어 파악

출제 빈도 **매회 평균 1.38개**

☑ 출제 경향

동의어를 파악하는 문제는 신유형 도입 이후에도 매회 1.38개의 비율로 출제되고 있다. 출제율이 다른 유형에 비해 높지는 않지만 제시된 단어의 뜻을 모르더라도 지문 내에서 문맥의 흐름상 어떤 뜻인지 유추할 수 있으므로 단어의 뜻을 모른다 하더라도 포기하지 말고 지문의 앞뒤 문맥을 잘 살피는 훈련이 필요하다.

빈출 동의어

- **appear = seem** ~으로 보이다, ~인 것 같다
- **path = way** 길, 통로
- **draw = attract** 끌어 모으다
- **keep = retain** 간직하다, 보유하다
- **run = operate, manage** 운영하다, 경영하다
- **order = sequence** 순서, 상태
- **schedule = prearrange** ~을 예정에 넣다
- **provide = furnish** 제공하다
- **location = venue** 장소, 위치
- **address = deal with, handle** 다루다, 처리하다
- **session = workshop** (활동) 기간, 강습회, 모임
- **charge = responsibility** 책임
- **confirm = verify** 확인하다
- **apply = utilize** 지원하다. 적용하다, 붙이다
- **possible = feasible** 가능한, 실행할 수 있는
- **package = parcel, packet** 소포, 포장 상품
- **opening = vacancy** 공석, 결원
- **safety = security** 안전
- **easy = facile** 쉬운, 용이한
- **opportunity = occasion** 기회

- agree = consent　동의하다
- conduct = carry out　(조사 · 연구) 실시하다
- shipment = transport　운송, 선적, 배송화물
- inform = notify　알리다, 통보하다
- participant = attendant　참가자
- organization = association　단체, 기관, 조직
- attention = heed　주의, 경청
- launch = introduce　출시하다, 착수하다
- reference = recommendation　추천서, 참고
- spend = waste, expend　소비하다, (시간을) 들이다
- involve = include　포함하다. 관련시키다

🚩 해결 전략

동의어가 포함된 문장의 앞뒤 문장을 통해
문맥의 흐름을 파악한다!

▶ 동의어 파악 문제는 대개 그 단어 본연의 의미보다는 제2, 제3의 의미를 묻는 경우가 대부분이다. 하지만 지문 속에 담긴 단어이므로 동의어가 포함된 문장의 앞뒤 문맥이 동의어를 파악하는 결정적인 단서가 된다. 따라서 동의어 파악 유형이 나왔다면 일단 동의어가 포함된 문장의 앞뒤 문장의 의미를 파악하는 것이 급선무이다.

Question 10 refers to the following review.

Featured site of the month

Cooking Pro is the best place to find discounts on quality kitchenware, and actually offers a much wider selection of products than some of the more well-known sites. Cooking Pro even makes some of its own products and sells them alongside established brands such as Turbine and Humidor. They have a growing selection of items on their site, but by far the most popular is their 10-pack of kitchen knives. The quality of their products may not be as high as the leading brands, but for chefs on a budget this is definitely the place to buy your items.

Cooking Pro also offers delivery discounts on purchases over $70. Shipping from Cooking Pro can take a little longer than shipping from larger online kitchenware sites, but it's worth the wait. Check out their latest deals at www.cookingpro.com.

11. In the review, the word "established" in paragraph 1, line 5 is closest in meaning to

(A) integrated
(B) well-known
(C) reliable
(D) founded

☀ 이렇게 해결해요!

❶ **문제 파악** | 먼저 문제를 읽고 어떤 단어의 동의어를 묻고 있는지 파악한다.

In the review, the word "established" in paragraph 1, line 5 is closest in meaning to 평론에서 첫 번째 단락 다섯 번째 줄의 "established"와 의미상 가장 유사한 단어는 무엇인가?

➡ 문제를 통해 established의 의미와 유사한 단어를 묻고 있음을 알 수 있다.

❷ **단서 파악** | 동의어가 포함된 문장을 포함하여 그 앞뒤 문장을 비교하며 동의어의 의미를 유추해 본다.

Question 10 refers to the following review.

Featured site of the month

Cooking Pro is the best place to find discounts on quality kitchenware, and actually offers a much wider selection of products than some of the more well-known sites. **Cooking Pro even makes some of its own products and sells them alongside** established **brands such as Turbine and Humidor.** They have a growing selection of items on their site, but by far the most popular is their 10-pack of kitchen knives. **The quality of their products may not be as high as the leading brands, but for chefs on a budget this is definitely the place to buy your items.**

Cooking Pro also offers delivery discounts on purchases over $70. Shipping from Cooking Pro can take a little longer than shipping from larger online kitchenware sites, but it's worth the wait. Check out their latest deals at www.cookingpro.com.

➡ establish라는 단어의 가장 주된 의미는 '설립하다, 세우다'이다. 하지만 established는 '설립된'이란 의미 이외에도 '자리 잡은, 인정된, 인지도 있는'의 다양한 의미가 있으므로 앞뒤 문맥을 잘 살펴서 가장 부합되는 뜻을 골라야 한다. 만약 '설립된'이란 의미 외에 다른 뜻을 잘 알지 못한다면 그 앞뒤 문장의 문맥으로 유추해 볼 수 있다. 먼저 이 단어가 들어간 문장을 해석해 보면, '쿠킹 프로는 심지어 몇몇 제품들을 자체적으로 제조하며, 그 제품들을 터빈과 휴미도 같이 ------ 브랜드 못지않게 판매한다.'이다. 이 문장의 문맥은 터빈과 휴미도만큼이나 자체적으로 제조한 제품이 훌륭하다는 내용을 알리고 있다. 따라서 터빈과 휴미도를 묘사한 빈칸은 터빈이나 휴미도의 장점을 담은 좋은 의미의 형용사가 어울린다는 점에 유념한다.

❸ **선지 파악** │ 지문의 단서가 적절히 패러프레이징된 선지를 고른다.

(A) integrated　통합된

(B) well-known　잘 알려진

(C) reliable　신뢰할 수 있는

(D) founded　설립된

➡ 유추한 내용과 가장 잘 부합되는 선지는 (B)와 (C)라고 볼 수 있다. 하지만 established에는 '신뢰할 수 있는'이라는 의미가 없으므로 이와 동일한 뜻을 지닌 어휘로는 (B) well-known이 가장 적절하다. 아울러 establish는 '설립하다, 세우다'의 의미이지만 –ed가 붙어 과거분사가 되면 '잘 알려진, 자리 잡은, 인지도 있는' 등의 다양한 뜻을 지닌다는 점도 알아둔다. 중요한 점은 established의 대표적인 의미인 '설립된'이라는 뜻만 떠올리고 (D)를 정답으로 오인할 수도 있다. 하지만 동의어 파악 문제에서는 단어의 대표 의미가 그대로 정답으로 제시되는 경우는 거의 없으므로 반드시 동의어가 포함된 문장의 앞뒤 문맥을 통해 동의어의 의미를 유추해 보는 훈련이 필요하다.

문제 10번은 다음 리뷰를 참조하시오.

이달의 특집 사이트

쿠킹 프로는 양질의 주방 용품을 할인받을 수 있는 최고의 장소이고, 실제로 더 잘 알려진 다른 몇몇 사이트들보다 훨씬 폭넓은 제품을 제공한다. 쿠킹 프로는 심지어 몇몇 제품들을 자체적으로 제조하며, 그 제품들을 터빈과 휴미도 같이 인지도가 높은 브랜드 못지않게 판매한다. 그들의 홈페이지에는 상품이 점차 다양해지고 있지만, 제일 인기 있는 품목은 단연 10개들이 주방용 칼이다. 그들의 생산하는 제품의 품질이 유명 브랜드만큼 높지는 않지만, 넉넉하지 않은 요리사들에게 이곳은 주방 용품을 구입하기에 딱 좋은 곳이다.

쿠킹 프로는 또한 70달러 이상 구매 시 배송료가 할인된다. 쿠킹 프로의 배송은 다른 큰 온라인 주방 용품 홈페이지보다 다소 오래 걸릴 수 있지만, 기다릴 만한 가치가 있다. www.cookingpro.com에서 최근 주문 내역을 확인해 보라.

어휘 kitchenware 주방 용품 alongside 옆에, ~에 못지않게 established 자리 잡은, 인정받는, 인지도 있는 by far 단연코 on a budget 한정된 예산으로 definitely 분명히 worth ~의 가치가 있는 wait 기다림

정답 (B)

Practice 9 ▶ 정답 및 해설은 204쪽

Question 9 refers to the following e-mail.

Mr. John Moore to Become Head Talent Scout

We are pleased to announce that John Hopkins has accepted the Head Talent Scout position at TSA(Talented Stars Agency) and will begin working next month to bring in new talents.

Mr. Moore started his career at Beagle Entertainment 15 years ago in the mail room. His hard work, enthusiasm, and determination led him to agent position just three years later. After bringing in top talents for over eight years, he jumped ship and started working with us here at TSA as an agent. He has been with us for over three years, and we are very confident in his ability to lead us into new possibilities. He is ready to represent TSA to the clients to the best of his ability.

Mr. Moore will report directly to TSA President, Leo Blume, who said of Mr. Moore, "here are few people in life that you immediately say this is a special person. John is that special person. I have no doubt about his talents. We will achieve great things."

Congratulations to Mr. John Moore.

---

9. In the article, the word "represent" in paragraph 2, line 7 is closest in meaning to

(A) correspond to
(B) advise on
(C) take a picture of
(D) speak for

의도 파악

☑ 출제 경향

문맥 속에서 특정 문구의 의도를 파악하는 문제는 신토익에 새로 적용된 신유형 문제로, 지문 내에 제시된 단어나 문장의 의미를 찾는 유형이다. 신유형 도입 이후 역시 새롭게 등장한 '문자 메시지'나 '온라인 채팅문'에서 집중되어 출제되고 있다. 매회 2문제씩 출제되고 있으므로 결코 소홀히 할 수 없는 유형이다. 특정 문구 앞뒤의 문맥 파악이 가장 중요하므로 일단 그 부분부터 살펴보는 것이 순서이다.

● 빈출 문제 유형

- At 4:30 P.M., what does ~ most likely mean when he writes,
  "-------"?　오후 4시 30분에 그가 "-------"라고 쓸 때 의미하는 바는 무엇인가?

- At 11:09 P.M., what does ~ indicate she will do when she says,
  "-------"?
  오후 11시 9분에 그녀가 "-------"라고 말할 때 무엇을 하겠다는 것을 나타내는가?

- At 2:03 P.M., what most likely does Mr. Kevin write, "-------"?
  오후 2시 3분에 케빈 씨가 "-------"라고 쓸 때 무엇을 하겠다는 것을 나타내는가?

🚩 해결 전략

의도 파악 문장뿐만 아니라 그 앞뒤 문장까지
해석하며 문맥을 파악한다!

▶ 의도 파악 유형은 해당 문장만 해석해서는 정확한 의도를 알아내기가 쉽지 않다. 따라서 그 유형에 따라 해당 문장의 앞 문장과 뒤 문장까지 파악하여 의도의 핵심을 찾아내야 한다.

Question 11 refers to the following text message chain.

Bertha Davis (9:57 P.M.)
Hi, Nicholas. I am stuck at the airport in California because of the hurricane, and it doesn't seem like it's going to die down until tomorrow morning.

Nicholas Brant (10:01 P.M.)
Don't worry about making it to the meeting. I can make arrangements. Make sure to stay safe until tomorrow and update me on your flight details.

Bertha Davis (10:03 P.M.)
Sure thing. Thanks a lot!

11. At 10:03 P.M., what does Ms. Davis most likely mean when she writes, "Sure thing"?

(A) She will cancel the rescheduled meeting.
(B) She will make changes to her flight schedule.
(C) She will inform Mr. Brant about her flight schedule.
(D) She will find a way to hold the meeting in California.

☀ 이렇게 해결해요!

❶ 문제 파악 │ 먼저 문제를 읽고 어떤 유형인지 파악한다.

At 10:03 P.M., what does Ms. Davis most likely mean when she writes, "Sure thing"?

오후 10시 3분에 데이비스 씨가 "Sure thing."이라고 쓸 때 의미하는 바는 무엇인가?

➡ "Sure thing."이라는 특정 표현의 문맥상의 의미를 묻고 있다.

❷ 단서 파악 │ 문장의 앞뒤 문장을 참조하여 해당 문장이 의미하는 바를 유추해 본다.

Question 11 refers to the following text message chain.

Bertha Davis (9:57 P.M.)
Hi, Nicholas. I am stuck at the airport in California because of the hurricane, and it doesn't seem like it's going to die down until tomorrow morning.

Nicholas Brant (10:01 P.M.)
Don't worry about making it to the meeting. I can make **arrangements.** Make sure to stay safe until tomorrow and update me on your flight details.

Bertha Davis (10:03 P.M.)
<u>Sure thing.</u> Thanks a lot!

Sure thing."의 바로 앞 문장에서 브랜트 씨가 데이비스 씨에게 회의 참석은 걱정하지 말라고 하면서, 본인이 필요한 준비를 할 테니 안전에 만전을 기하고 비행 일정의 세부 사항을 알려달라고 하고 있다. 그 말에 데이비스 씨는 해당 문장 뒤에서 고맙다는 표현을 하고 있는 것으로 보아 브랜트 씨의 의견에 동의하고 있다는 사실을 알 수 있다.

❸ 선지 파악 │ 유추된 정답의 단서와 선지를 비교해 정답을 고른다.

(A) She will cancel the rescheduled meeting.   그녀는 재조정된 회의를 취소할 것이다.

(B) She will make changes to her flight schedule.   그녀는 비행 일정을 변경할 것이다.

(C) She will inform Mr. Brant about her flight schedule.
그녀는 비행 일정을 브랜트 씨에게 알릴 것이다.

(D) She will find a way to hold the meeting in California.
그녀는 캘리포니아에서 회의를 개최할 방법을 모색할 것이다.

결국 브랜트 씨가 제시한 의견에 대해 데이비스 씨가 동의하고 있으므로 데이비스 씨가 향후에 할 수 있는 행동으로는 비행 일정의 세부 사항을 알려줄 것으로 예상할 수 있다. 따라서 정답은 비행 일정을 알려줄 것이라는 의미의 (C)가 된다.

해석

문제 11번은 다음 문자 메시지 체인을 참조하시오.

버사 데이비스 (오후 9시 57분)
니콜라스. 저는 허리케인으로 인해 캘리포니아 공항에 갇혀 있는데, 내일 아침까지 잠잠해질 것 같지 않네요.

니콜라스 브랜트 (오후 10시 1분)
회의에 참석하는 것에 대해 걱정하지 말아요. 제가 필요한 준비들을 해두죠. 내일까지 안전을 유지하고 당신의 항공편에 대한 세부 일정을 알려주세요.

버사 데이비스 (오후 10시 3분)
물론이죠. 고마워요!

어휘 be stuck at ~에서 꼼짝 못하다 die down 가라앉다, 잠잠해지다 make it to ~에 도착하다 make arrangements 필요한 준비를 하다 flight details 비행 세부 일정

정답 (C)

🖐️**한 가지만 더!**

앞뒤 문장으로도 정답이 유추되지 않으면 더 앞을 살펴본다.

난도가 좀 높아지는 경우에는 해당 문장의 앞뒤 문장으로도 정답이 떠오르지 않을 때가 있다. 이럴 경우엔 앞뒤 문장의 앞이나 뒤를 한 번 더 살펴본다.

Question 12 refers to the following text message chain.

Charlie Park (5:32 P.M.)
I'm going to have dinner after work, but does anyone go with me?

Sam Hamington (5:34 P.M.)
I'm not sure because I haven't finished the materials to use for my presentation tomorrow. Where are you going?

Charlie Park (5:38 P.M.)
There is a new menu in the restaurant across the street.

Ray Harris (5:40 P.M.)
Oh, the restaurant was closed a few days ago.

Charlie Park (5:41 P.M.)
Oh, my God! The restaurant food was pretty good, but I'm sorry.

12. At 5:41 P.M., what does Charlie Park most likely mean when he writes, "Oh, my God!"?

(A) The food price of the restaurant is too high.
(B) He is going to leave late.
(C) He wanted to try a new menu.
(D) He was unable to go to the restaurant because of his work.

특히 3자 대화일 때는 여러 명이 번갈아 대화를 나누므로 상황 파악에 헷갈릴 소지가 있다. 찰리 박이 '아이고, 이런.'이라는 반응을 보인 건 바로 위 레이 해리스의 폐업을 했다는 말에 대한 반응이지만 그보다 앞선 문장에서 새로운 메뉴를 먹고 싶어했음을 알 수 있다. 따라서 폐업을 한 사실보다는 새로운 메뉴를 먹지 못한 아쉬움을 나타낸다고 볼 수 있다. 정답은 (C)이다.

해석

문제 12번은 다음의 온라인 메시지 체인을 참조하시오.

찰리 박: 퇴근 후에 저녁을 먹고 가려고 하는데 같이 갈 사람 있나요?
샘 해밍턴: 저는 아직 내일 발표 자료를 끝내지 못해서 잘 모르겠네요. 어디로 가시는데요?
찰리 박: 길 건너편 식당에 새로운 메뉴가 나왔다는데 먹어 보려구요.
레이 해리스: 아, 그 식당은 며칠 전에 폐업했어요.
찰리 박: 아이고, 이런. 그 식당 음식들이 상당히 괜찮았는데 아쉽군요.

12. 오후 5시 41분에 찰리 박이 "Oh, my God!"이라고 쓸 때 의미하는 바는 무엇인가?

(A) 그 식당의 음식 가격이 너무 비싸다.
(B) 그는 늦게 퇴근할 예정이다.
(C) 그는 새로운 메뉴를 먹어보고 싶었다.
(D) 그는 일 때문에 식당에 못 가게 되었다.

어휘   material 자료 presentation 발표 be closed 폐업하다

정답   (C)

Practice 10 ▶ 정답 및 해설은 205쪽

Question 10 refers to the following text message chain.

Joseph Patel (10:03 P.M.)
Hi. There's another vegetarian guest coming over for dinner tonight, so we need more ingredients. Have you left the market yet?

Jenny Nguyen (10:05 P.M.)
You messaged me just in time. What do you want me to get?

Joseph Patel (10:08 P.M.)
Could you get some eggplants, cabbage, carrots, and beansprouts? Oh, don't forget to get some fruit salad as well.

---

10. At 10:05 A.M., what does Ms. Nguyen most likely mean when she writes, "You messaged me just in time"?

(A) She already knows about the additional guest.
(B) She is still shopping at the market.
(C) She has been to the market often.
(D) She left the market and is on her way back.

출제 빈도 매회 평균 **2.02**개

빈칸 추론

☑️ 출제 경향

주어진 문장의 올바른 위치를 찾는 '빈칸 추론' 문제는 신토익에 새롭게 반영된 신유형이며, 지문의 전체적인 맥락을 이해해야 풀 수 있기 때문에 토익 문제 유형 중 수험생들이 가장 까다롭게 여기는 유형이기도 하다. 매회 평균 2문제씩 출제가 되고 있으며, 단일 지문에서만 제시된다.

빈출 문제 유형

- In which of the positions marked [1], [2], [3], and [4] does the following sentence best belong?

  [1], [2], [3], [4]로 표시된 위치 중 다음 문장이 들어가기에 가장 적절한 곳은?

🚩 해결 전략 ①

문제에 주어진 문장을 해석하여
그 앞이나 뒤에 올 만한 내용을 먼저 유추해 본다!

▶ 빈칸 추론 문제는 어느 문제 유형보다도 더 효율적인 풀이 전략이 요구되는 유형이다. 이러한 전략 없이 문제를 대하게 되면 시간만 허비하고 문제의 정답도 제대로 찾지 못하는 최악의 상황을 접할 수 있다. 일단 문제에서 제기된 문장을 정확히 해석한 후 그 앞이나 뒤에 나올 내용들을 미리 짐작해 본다. 그리고 번호의 앞뒤 문장을 살피며 본인이 짐작한 내용과 유사한 부분이 있는 번호를 찾는다.

Question 13 refers to the following e-mail.

Dear Mr. Howard,

[1] I received and read your most recent submission: The Art of Letting Go – Moving Past Life's Trials. I am pleased to notify you that we would like to move forward with this book project. [2] Once you have accepted and signed the attached contract, we will begin with the editing and rewriting process. Usually, this process takes 6 months for a book of your size. [3] After that, we will put together a marketing campaign and begin the printing and selling process!

I look forward to working with you. Feel free to contact me with any questions. [4]

Sincerely,

Laurie Rains Editor

13. In which of the positions marked [1], [2], [3], and [4] does the following sentence best belong?

"I have attached our publishing contract for you to review with your lawyer."

(A) [1]
(B) [2]
(C) [3]
(D) [4]

☀ 이렇게 해결해요!

❶ 문제 파악 | 문장 삽입이 요구되는 문장을 먼저 읽고 핵심 내용을 간략하게 파악한다.

In which of the positions marked [1], [2], [3], and [4] does the following sentence best belong?

"I have attached our publishing contract for you to review with your lawyer."

➡ 문장을 읽어보니 변호사와 검토할 수 있도록 출판 계약서를 첨부했다는 내용으로 압축할 수 있다.

❷ **단서 파악** | 이 문장의 앞 또는 뒤에서 나올 만한 내용을 먼저 유추해 본다.

Question 13 refers to the following e-mail.

Dear Mr. Howard,

[1] I received and read your most recent submission: The Art of Letting Go – Moving Past Life's Trials. I am pleased to notify you that we would like to move forward with this book project. [2] Once you have accepted and signed the attached contract, we will begin with the editing and rewriting process. Usually, this process takes 6 months for a book of your size. [3] After that, we will put together a marketing campaign and begin the printing and selling process!

I look forward to working with you. Feel free to contact me with any questions. [4]

Sincerely,

Laurie Rains Editor

➡ 해당 문장에서 출판 계약서를 첨부했다는 내용이 나오므로 이 문장 뒷부분에서는 이 출판 계약서와 관련된 내용이 언급될 가능성이 매우 높다. 따라서 빈칸의 번호를 중심으로 출판 계약이 언급된 부분을 찾아본다. [2] 다음 문장에서 'the attached contract'라는 표현이 포함된 문장을 발견할 수 있다. 결국 [2] 다음의 문장인 Once you have accepted and signed the attached contract, we will begin with the editing and rewriting process.를 살펴보니 당신이 첨부된 계약서를 받고 사인하면, 우리는 편집과 수정 과정을 시작할 것이라는 내용이 나와 있으므로 해당 문장과의 문맥의 흐름도 자연스럽다. 따라서 정답은 [2]가 적합하다. 이와 별도로 나머지 빈칸이 오답인 이유를 잠깐 살펴보자. 먼저 [1]은 해당 문장이 문두에 나올 성격이 아니므로 어색하다. [3]은 앞부분의 6 months가 바로 뒤의 After that(= 6 months)과 연결되므로 이 앞뒤 문장은 서로 연결되어 있다고 볼 수 있다. [4]는 지문의 끝이라 역시 제시문이 들어가기에 내용상 적합하지 않다. 따라서 해당 문장이 들어가기에 가장 적합한 곳은 [2]임을 알 수 있다.

문제 13번은 다음 이메일을 참조하시오.

Howard 씨께,

귀하께서 가장 최근에 제출하신 원고 The Art of Letting Go – Moving Past Life's Trials를 받아 읽어보았습니다. 저희가 이 책의 프로젝트에 착수하고 싶다는 것을 알려드리게 되어 기쁩니다. 귀하께서 변호사와 검토하도록 출판 계약서를 첨부했습니다. 귀하께서 첨부된 계약서를 받고 사인하시면, 저희는 편집과 수정 과정을 시작할 것입니다. 보통 이 과정은 귀하의 원고 분량 정도의 책이라면 6개월이 걸립니다. 그 이후에 저희는 마케팅 캠페인을 준비할 것이며, 인쇄 및 판매 과정을 시작할 것입니다.

귀하와 일하는 것을 기대합니다. 질문이 있으시면 언제든 저에게 연락을 주십시오.

로리 레인즈 편집자

어휘　submission 제출, 제출물　be pleased to do ~하게 되어 기쁘다　notify you that 당신에게 ~라고 알리다　move forward with ~을 계속 진행하다　attach 첨부하다　publishing contract 출판 계약　editing and rewriting 편집과 수정　put together 만들다, 준비하다　look forward to -ing ~할 것을 학수고대하다

정답　(B)

Practice 11　▶정답 및 해설은 205쪽
Question 11 refers to the following letter.

Ms. Jane Witherspoon
Kamon Stylish Clothing
4909 49th Street
Spokane, WA 61123

Dear Ms. Witherspoon,

We are sorry that the cabinet we delivered was damaged. [1] Our trucking company determined that the damage occurred during shipment. [2]

We make every effort to guarantee that our product is delivered in perfect condition. Occasionally, unpredictable events happen. [3] It is expected to arrive two or three days.

If you have any further questions, please call John Wilson at our customer service department at 510-575-4332. [4]

11. In which of the positions marked [1], [2], [3], and [4] does the following sentence best belong?

"A replacement cabinet is already being shipped."

(A) [A]
(B) [B]
(C) [C]
(D) [D]

 해결 전략 ②

해당 문장에 지시대명사나 추가 정보 표현이
나와 있다면 그 부분에 주목한다!

▶ 해당 문장을 보았을 때, 그 안에 지시대명사나 정관사, 그리고 further information과 같은 추가 정보를 알려주는 표현이 나왔다면 그 지시대명사나 정관사에 해당될 만한 내용이나 추가 정보 이전의 정보들이 나열된 곳을 살펴본다. 그 부분이 정답 해결의 가장 중요한 단서가 될 수 있다.

Question 14 refers to the following e-mail.

To: All instructors

From: Ned Flannery <nflannery@leter.edu>

Date: Tuesday, March 11

Subject: Please take note!

Attached file: Allergy list.doc

Dear instructors,

I have been notified that there has been a small accident with students because of a misunderstanding regarding an attendee's allergies. One of the participants opened a granola bar, and that caused the allergic individual to pass out. [1] To prevent similar accidents in the future, I will be distributing a list of allergies or special conditions and basic information about the conditions. [2]

Since you will be the only official personnel in the room, it will be your job to instruct the participants. [3]. Please mention that we will not be responsible for any circumstances that happen if we do not know about a person's condition since we already warned everyone. [4]

Thank you for your cooperation.

Ned Flannery
Media Manager, Leter Education

14. In which of the positions marked [1], [2], [3], and [4] does the following sentence best belong?

"She was treated immediately, but the incident was a close call."

(A) [1]
(B) [2]
(C) [3]
(D) [4]

➡ 우선 해당 문장을 살펴본다. 그녀는 즉시 치료를 받았지만, 이 사고는 큰일 날 뻔했다는 사실이 나와 있다. 여기서 핵심 포인트는 정관사 the가 포함된 the incident이다. 즉, '그 사고'라고 언급을 하였으므로 앞 문장에는 문맥의 흐름상 사고에 대한 내용이 나와야 한다. 바로 이 부분에 초점을 맞춰 사고의 사례가 될 만한 부분을 찾아본다. 지문 초반에 One of the participants opened a granola bar, and that caused the allergic individual to pass out.이라고 하며 참가자 중 한 명이 그라놀라 바의 봉지를 뜯었는데, 그로 인해 알레르기가 있는 참가자가 의식을 잃었다는 사고의 내용이 나와 있다. 따라서 해당 문장은 이 다음 부분인 [1]에 들어가는 것이 가장 적합하다.

해석

문제 14번은 다음 이메일을 참조하시오.

수신: 모든 강사들
발신: 네드 플래너리 <nflannery@leter.edu>
날짜: 3월 11일 화요일
제목: 유의하세요!
첨부 파일: Allergy list.doc

강사 분들께,

한 참석자의 알레르기에 대한 오해 때문에 학생들에게 작은 사고가 있었다는 얘기를 들었습니다. 참가자 중 한 명이 그라놀라 바의 봉지를 뜯었는데, 그로 인해 알레르기가 있는 참가자가 의식을 잃었습니다. 그녀는 즉시 치료를 받았지만, 이 사고는 큰일 날 뻔한 일이었습니다. 추후에 유사한 사고를 방지하기 위해 알레르기 혹은 특별한 질환들의 목록과 그 질환들에 관한 기본 정보를 배포합니다.

여러분은 강의실에서 유일한 공식적인 직원이므로 참가자들을 지도하는 것은 여러분의 직무입니다. 우리가 사전에 이미 모두에게 주의를 주었으므로 개인의 상태에 대해 알지 못하는 경우에 발생할 수 있는 어떤 상황에 대해서도 책임을 질 수 없다는 점을 언급해 주십시오.

협조에 감사드립니다.

네드 플래너리
미디어 매니저, 레터 에듀케이션

어휘　take note 주의하다, 유의하다　allergy 알레르기　notify 알리다, 통지하다
misunderstanding 오해, 착오　regarding ~에 관하여　attendee 참석자　pass out
의식을 잃다　treat 치료하다　immediately 즉시　close call 아슬아슬한 상황, 위기일발
distribute 배포하다　condition 상태, 질환　personnel (조직의) 총인원, 전직원　be
responsible for ~에 책임을 지다　circumstance 상황　cooperation 협조

정답　(A)

Practice 12　▶ 정답 및 해설은 206쪽

Question 12 refers to the following article.

"Go Fly a Kite" Event Increases in Popularity

This is only the second year the Fairfield Community Planners have organized the "Go Fly a Kite" event, held at Rainbow Park. Despite being only in its second year, the event has grown exponentially in size and popularity. [1] "We really increased our advertising for the event this year. Instead of just posting fliers at local grocery stores, we created an official Web site. A stroke of genius led us to ask Web site guests to indicate if they were going to attend or not, so, thankfully, we expect over 70% more guests than last year!" stated event planner Marcia Sooner. [2]

As part of the event, children will be afforded the opportunity to decorate and fly their own kites. Other activities will include face painting, live music, food vendors, and opportunities to meet policemen and firemen and to explore all their equipment. [3]

If you are interested in joining the planning committee for next year's event, please contact Anna Grant at agrant@kite.org. [4]

12. In which of the positions marked [1], [2], [3], and [4] does the following sentence best belong?

"These activities are geared for people of all ages and interests."

(A) [1]
(B) [2]
(C) [3]
(D) [4]

08 강

출제 빈도 매회 평균 **1.50**개

사실 확인(Not True)

☑️ 출제 경향

사실 확인 유형 중 Not True 유형은 True 유형과 마찬가지로 전체 내용을 파악해야 하는 경우와 특정 내용을 파악해야 하는 경우로 크게 나눌 수 있다. 특히 문제와 선지의 키워드를 먼저 숙지한 후 지문에서 하나하나 그 키워드를 중심으로 정답의 단서를 찾아나가는 작업이 중요하다. True 유형보다는 출제 빈도가 낮지만 매회 평균 1 ~ 2 문제 정도는 꼭 나오므로 그 특성을 잘 숙지해 놓아야 한다.

● 빈출 문제 유형

▪ **세부 내용에 대해 묻는 경우**

- What is NOT stated[mentioned, indicated] about ~?
  ~에 대해 언급된 것이 아닌 것은 무엇인가?

- What is NOT true about[of] ~?   ~에 대해 사실인 것이 아닌 것은 무엇인가?

- What is NOT included in ~?   ~ 속에 포함되지 않은 것은 무엇인가?

- What feature of the ~ is NOT mentioned?
  ~의 특징 중 언급되지 않은 것은 무엇인가?

- What is NOT stated[mentioned, indicated] as ~?
  ~으로서 언급되지 않은 것은 무엇인가?

▪ **전체 내용에 대해 묻는 경우**

- What is NOT stated about the advertisement?
  이 광고 중에서 사실이 아닌 것은 무엇인가?

- What is NOT mentioned about the article?
  이 기사 중에서 사실이 아닌 것은 무엇인가?

- What is NOT indicated about the notice?
  이 공지 중에서 사실이 아닌 것은 무엇인가?

문제에서 파악한 키워드와 동일하거나
비슷한 부분을 지문에서 찾는다!

▶ 선지 중 사실이 아닌 것을 묻는 사실 확인(Not True) 유형은 사실 확인(True) 유형과 마찬가지로 문제의 키워드를 확인하고 선지의 내용은 무시한 채 문제의 키워드와 동일하거나 유사한 부분을 지문 내에서 찾아나가야 한다.

Question 15 refers to the following e-mail.

<table>
<tr><td>To:</td><td>Michael Tanner <tanner1976@gmail.com></td></tr>
<tr><td>From:</td><td>Eddie Mercury <subscriptions@musicmaniac.com></td></tr>
<tr><td>Subject:</td><td>Membership Information</td></tr>
</table>

To our valued member,

Thank you for your subscription to *Music Maniac* magazine. I am delighted to confirm that your application was received and processed successfully. Please find below the details of your membership:

Membership level: Advanced
Membership number: 0000392939
Password: Tanner123
Price per month: $39.99

The magazine will be delivered directly to your door on the 10th of each month. The Web site address is www.musicmaniac.com/VIP. This section of our Web site gives you access to many exclusive features, such as interviews with your favorite musical artists, downloadable music videos, and the chance to listen to new music clips. We hope that you enjoy being a member of *Music Maniac* magazine.

Eddie Mercury
Subscription Department

15. What is NOT mentioned as appearing on the *Music Maniac* VIP Web site?

(A) Clips of new music
(B) T-shirts and posters available for purchase
(C) Interviews with musicians
(D) Music videos that can be downloaded

☀️ 이렇게 해결해요!

❶ 문제 파악 | 먼저 문제를 읽고 어떤 유형인지 파악한다.

What is NOT mentioned as appearing on the *Music Maniac* VIP Web site? *Music Maniac* VIP 웹사이트 상에서 볼 수 있는 것으로 언급되지 않은 것은 무엇인가?

➡️ 위 문제의 키워드는 *Music Maniac* VIP Web site이다. 따라서 *Music Maniac* VIP 웹사이트와 관련된 내용을 찾아 그 주변을 살핀다. 지문 내의 어느 특정 내용에 한정하여 묻고 있다면 선지의 키워드까지 숙지할 필요는 없으며, 문제의 키워드만 파악한 후 그 키워드와 비슷한 표현들을 찾아본다.

❷ 단서 파악 | 지문에서 *Music Maniac* VIP Web site가 언급된 부분을 찾아 그 주변을 살핀다.

Question 15 refers to the following e-mail.

_ ⤢ ✕

To:	Michael Tanner <tanner1976@gmail.com>
From:	Eddie Mercury <subscriptions@musicmaniac.com>
Subject:	Membership Information

To our valued member,

Thank you for your subscription to *Music Maniac* magazine. I am delighted to confirm that your application was received and processed successfully. Please find below the details of your membership:

Membership level: Advanced
Membership number: 0000392939
Password: Tanner123
Price per month: $39.99

The magazine will be delivered directly to your door on the 10th of each month. The Web site address is www.musicmaniac.com/VIP. This section of our Web site gives you access to many exclusive features, such as interviews with your favorite musical artists, downloadable music videos, and the chance to listen to new music clips. We hope that you enjoy being a member of *Music Maniac* magazine.

Eddie Mercury
Subscription Department

➡ VIP 웹사이트에 대한 내용이 세 번째 단락 후반부에 언급되어 있다. 이 내용을 통해 홈페이지에서 음악가의 인터뷰, 다운로드 가능한 뮤직 비디오, 최신 음악 샘플 듣기 같은 특징이 있음을 알 수 있다.

❸ **선지 파악** | 지문에서 찾은 단서와 선지를 대조하여 정답을 고른다.

(A) Clips of new music   최신 음악 샘플

(B) T-shirts and posters available for purchase   구매 가능한 티셔츠와 포스터

(C) Interviews with musicians   음악가와의 인터뷰

(D) Music videos that can be downloaded   다운받을 수 있는 뮤직 비디오

➡ VIP 웹사이트와 관련된 내용과 대조해 볼 때 (B)는 언급이 되지 않은 것을 알 수 있다. 따라서 정답은 (B)이다.

해석

문제 15번은 다음 이메일을 참조하시오.

수신: 마이클 태너 <tanner1976@gmail.com>
발신: 에디 머큐리 <subscriptions@musicmaniac.com>
제목: 회원 정보

소중한 고객님들께,

Music Maniac 잡지를 구독해 주셔서 감사합니다. 고객님의 신청서는 접수되었고 성공적으로 처리되었음을 알려드리게 되어 기쁩니다. 아래 고객님의 회원권에 대한 세부 사항을 확인하시기 바랍니다.

회원 등급: 어드밴스드
회원 번호: 0000392939
비밀 번호: Tanner123
월 가격: $39.99

잡지는 매달 10일 귀하의 댁으로 직접 배송됩니다. 웹사이트 주소는 www.musicmaniac.com/VIP 입니다. 저희 웹사이트의 VIP 섹션은 고객님께서 가장 좋아하는 음악가의 인터뷰 기사, 다운로드 가능한 뮤직비디오 및 최신 음악 샘플 파일 듣기와 같은 많은 차별화된 특색을 접할 수 있도록 합니다. 고객님께서 *Music Maniac* 잡지의 멤버가 되신 것을 즐기시길 희망합니다.

에디 머큐리
구독부

어휘　subscription 구독(권)　access 접속, 접근　exclusive 독점적인, 한정적인 feature 특색　downloadable 다운로드 가능한　clip 클립(영화·음악의 한 부분을 따로 떼어서 보여줌)

정답　(B)

Practice 13 ▶ 정답 및 해설은 206쪽

Question 13 refers to the following advertisement.

http://www.flavorsoffernygrove.com/advertising

Home	Contact Us	Place Order	Customer Reviews

An award-winning online magazine with thousands of followers, *Flavors of Ferny Grove* provides visitors with dependable and detailed information about going out for food and dining in the Ferny Grove area. We offer the following four patterns for advertising on our Web site.

Pattern 1

This horizontal banner passes over the top of our pages and is immediately viewed by readers. Audio and photographs cannot be added.

Pattern 2

This small-pattern advertisement is inserted into the middle of featured articles. Audio and a single photograph can be combined with text.

Pattern 3

This vertical banner appears along the edges of a featured article. Audio files and photographs cannot be added.

Pattern 4

Our largest pattern, this half-page advertisement can combine multiple photographs and audio files with text.

To purchase advertising, contact Wong Lau at wong@flavorsoffernygrove.com.

13. What is NOT mentioned about pattern 1?

(A) A horizontal banner goes through the top of the page.
(B) It is very noticeable.
(C) It can be combined with audio files.
(D) No audio and photos are added.

전체 내용에서 사실 확인을 해야 한다면
선지의 키워드를 숙지하고 지문의 내용과 대조한다!

▶ 지문 전반에 걸친 사실에 대해 물어본다면 어차피 지문을 전반적으로 훑어봐야 하므로 막연하게 지문을 살펴보는 것보다 선지의 키워드를 우선적으로 숙지한 후 그 키워드들을 기준으로 지문에서 정답 여부의 단서를 찾아나가는 방법이 합리적이다.

Question 16 refers to the following information.

Dream World Doll Houses

Dream World Doll Houses are inspired by the world's best-liked and most famous architecture styles. Each house is individually designed in a certain style, with the utmost attention to detail both inside and out.

The houses are delivered flat to reduce shipping costs and include easily understandable assembly instructions. All the tools needed to finish the house, including specially made wood glue, are provided.

Basic kits come with the house, exterior and interior finishing, and assembly instructions. Deluxe kits come with all of these and basic furniture for each room of the house. The styles available are described below. Please read them carefully before indicating your preference on the order form.

Assembly Suggestions
Dream World Doll Houses come with everything needed for assembly and very clear instructions. To ensure outstanding

results, please read the entire instruction booklet thoroughly before beginning. In addition, please work in a clean, dry space and double-check part labels before gluing them. The glue included is quick to dry. While gluing, it is recommended that you cover your work surface with a protective material. The glue will dry clear on the wood pieces of the house but may leave marks on fabrics or stained wood.

Style Options
* Victorian: featuring artificial brick walls, slate roofs, a wrap-around porch on two sides with gingerbread details, and two large gables on the front of the house.
* Craftsman: featuring a large front porch with tapered columns, an open floor plan, a breakfast nook with bay windows, and decorative glass in the exterior doors.
* Ranch: featuring a rambling single-story open floor plan, large windows with beautiful shutters, and a large patio off the back entrance.
* Villa: Our most popular style. Featuring several stories, multiple balconies on each floor, tile roofs, and luxurious entertaining spaces.

16. What is NOT mentioned about the doll houses?

(A) Villa is the most popular form.
(B) Each house comes fully furnished.
(C) The kits include assembly instructions.
(D) Special glue is delivered with the houses.

⭐ 이렇게 해결해요!

❶ 문제 파악 | 먼저 문제를 읽고 어떤 유형인지 파악한다.

What is NOT mentioned about the doll houses?

인형의 집에 대해 언급되지 않은 것은?

→ 질문을 보니 NOT mentioned가 언급되었으므로 사실 확인(Not True) 유형임을 알 수 있다. 그리고 the doll houses라는 키워드와 관련된 정보를 묻고 있다. 그런데 the doll houses는 지문 내의 일부분에 등장하는 특정 정보가 아니라 지문 전반을 아우르는 핵심어이므로 전체 내용을 묻는 질문으로 분류해야만 한다.

❷ 선지 파악 | 선지의 키워드를 숙지한다.

전체 내용에 대한 사실 확인 유형에선 선지의 키워드를 미리 파악해 두는 것이 좋다. 왜냐하면 질문을 읽고 지문부터 죽 읽어나가면 그 지문을 다 읽은 후 선지 하나하나를 대조하는 작업에 너무 시간이 많이 소요가 되기 때문이다. 따라서 지문을 보기 전에 먼저 선지의 키워드를 참조하는 것이 유리하다. 그리하여 각 선지의 키워드를 먼저 파악한 후 지문을 읽어나가면서 선지의 키워드와 대조하며 정답의 범위를 점점 줄여나가는 전략이 효율적이다. 또한 Not True 유형은 사실이 아닌 것을 물어보는 문제이므로 선지 4개 중 사실에 관한 정보가 3개 포함되어 있다. 따라서 선지를 미리 읽어두는 게 지문의 전반적인 내용을 파악하는 데에도 도움을 줄 수 있다.

(A) Villa is the most popular form.　빌라가 가장 인기 있는 양식이다.

(B) Each house comes fully furnished.　각 집은 가구가 완비되어 있다.

(C) The kits include assembly instructions.　키트는 조립 설명서를 포함한다.

(D) Special glue is delivered with the houses.　특수 접착제는 집과 함께 배송된다.

→ 선지의 키워드인 가장 인기 있는 양식, 가구 완비, 조립 설명서 포함, 특수 접착제 배송 등을 숙지한 후 지문을 대한다.

❸ 단서 파악 | 선지에서 파악한 키워드를 지문과 대조하며 단서를 찾는다.

Question 16 refers to the following information.

Dream World Doll Houses

Dream World Doll Houses are inspired by the world's best-liked and most famous architecture styles. Each house is individually designed in a certain style, with the utmost attention to detail both inside and out.

(C) The houses are delivered flat to reduce shipping costs and include easily understandable assembly instructions. (D) All the tools needed to finish the house, including specially made wood glue, are provided.

(B) Basic kits come with the house, exterior and interior finishing, and assembly instructions. Deluxe kits come with all of these and basic furniture for each room of the house. The styles available are described below. Please read them carefully before indicating your preference on the order form.

Assembly Suggestions
Dream World Doll Houses come with everything needed for assembly and very clear instructions. To ensure outstanding results, please read the entire instruction booklet thoroughly before beginning. In addition, please work in a clean, dry space and double-check part labels before gluing them. The glue included is quick to dry. While gluing, it is recommended that you cover your work surface with a protective material. The glue will dry clear on the wood pieces of the house but may leave marks on fabrics or stained wood.

Style Options
* Victorian: featuring artificial brick walls, slate roofs, a wrap-around porch on two sides with gingerbread details, and two large gables on the front of the house.
* Craftsman: featuring a large front porch with tapered columns, an open floor plan, a breakfast nook with bay windows, and decorative glass in the exterior doors.
* Ranch: featuring a rambling single-story open floor plan, large windows with beautiful shutters, and a large patio off the back entrance.
* (A) Villa: Our most popular style. Featuring several stories, multiple balconies on each floor, tile roofs, and luxurious entertaining spaces.

지문을 죽 읽어나가다 보니 선지 (C)의 키워드인 assembly instructions가 (C)에 언급되어 있고, 조립 안내서가 포함되었다는 사실을 확인할 수 있다. 그리고 선지 (D)의 키워드인 glue를 (D)에서 찾을 수 있다. 따라서 (D) 문장을 통해 특수 접착제가 제공된다는 사실을 확인할 수 있다. 또한 선지 (B)를 통해 가구는 고급 키트에만 적용된다는 사실을 알 수 있으므로 (B)는 틀린 표현 이다. 선지 (A)는 지문 마지막 부분의 (A)를 통해서 그 사실을 확인할 수 있다. 참고로 지문 초반부 에서 (B), (C), (D)에 대한 사전 정보를 이미 검증했다면 나머지 하나의 선지는 굳이 살펴볼 필요가 없다. 따라서 실제로는 3가지 정보만 확실하게 숙지했다면 이 범위 내에서 정답을 고르는 건 전혀 문제가 되지 않는다.

해석

문제 16번은 다음 정보를 참조하시오.

드림월드 인형의 집

드림월드 인형의 집은 세계에서 가장 인기 있고 유명한 건축 양식들에 영감을 받았습니다. 각 각의 집은 안팎으로 세부 사항에 최대한의 주의를 기울여 개별적으로 특정 양식으로 설계됩 니다.

집은 운송비를 줄이기 위해 균일 요금으로 배송되고, 쉽게 이해할 수 있는 조립 설명서가 포 함됩니다. 특수하게 제조된 목재 접착제를 포함해 집을 완성하기 위해 필요한 모든 도구가 제 공됩니다.

기본 키트는 집, 내외장 마감, 그리고 조립 안내서가 들어 있습니다. 고급 키트는 이것 모두와 집의 각 방을 위한 기본적인 가구가 들어 있습니다. 구입 가능한 양식들은 아래에 설명되어 있습니다. 주문서에 선택 사항을 표시하시기 전에 꼼꼼히 읽어보시기 바랍니다.

조립 권장사항
드림월드 인형의 집은 조립에 필요한 모든 것과 매우 명확한 설명서가 들어 있습니다. 뛰어난 결과를 보장하기 위해, 시작 전에 전체 설명서 소책자를 자세히 읽어보시기 바랍니다. 또한 깨끗하고 건조한 공간에서 작업하시고 접착제로 붙이기 전에 부품 라벨을 다시 한 번 확인하 시기 바랍니다. 포함된 접착제는 빠르게 마릅니다. 접착제로 붙이는 동안, 보호 물질로 작업 표면을 덮어두기를 권고합니다. 접착제는 집의 목재 조각에서는 깨끗하게 마르지만, 천이나 착색 나무에는 자국이 남을 수도 있습니다.

양식 옵션
* 빅토리안: 인조 벽돌 벽, 슬레이트 지붕, 진저브레드 세부 장식이 되어 있고 양측으로 끝부 분이 휘어진 현관 및 집 정면에 두 개의 큰 박공을 특징으로 합니다.
* 크래프츠맨: 뾰족한 기둥들을 지닌 큰 현관, 오픈 플로어 플랜, 퇴창이 있는 간이식사 코너, 그리고 바깥문들에 장식용 유리가 있는 것을 특징으로 합니다.
* 랜치: 불규칙하게 뻗어 있는 단층의 오픈 플로어 플랜, 아름다운 셔터를 가진 큰 창들 및 뒷 문에 딸린 큰 테라스를 특징으로 합니다.

* 빌라: 가장 인기 있는 양식. 여러 층, 각 층마다 다수의 발코니, 타일 지붕 및 호화스러운 접대 공간을 특징으로 합니다.

어휘　be inspired by ~에 의해 영감을 받다　architecture style 건축 양식　individually 개별적으로　in a certain style 특정한 양식으로　utmost attention to detail 세부 사항에 대한 최대한의 주의　both inside and out 안팎으로　be delivered flat 균일[정액] 요금으로 배송되다　reduce shipping costs 배송비를 줄이다　easily understandable 쉽게 이해할 수 있는　assembly instructions 조립 설명서　including ~을 포함하여　specially made 특수 제작된　wood glue 목재 접착제　exterior and interior finishing 내외장 마감　indicate the preference 선택 사항을 표시하다　ensure outstanding results 뛰어난 결과를 보장하다　booklet 소책자　thoroughly 주의 깊게, 철저히　double-check 재확인하다　quick to dry 신속하게 마르는　work surface 작업 표면　protective material 보호 물질　leave marks on ~에 자국을 남기다　fabric 천, 직물　stained wood 착색된 목재　feature ~을 특징으로 하다[포함하다]　artificial brick 인조 벽돌　slate roof 슬레이트 지붕　wrap-around porch 끝부분이 휘어진 현관　gable 박공　tapered column 뾰족한 기둥　breakfast nook 간이식사 코너　rambling 불규칙하게 뻗어나가는　single-story open floor plan 단층의 오픈 플로어 플랜(각각의 기능을 하는 공간들이 하나의 공간으로 열려 있는 개방형 구조)　multiple 많은　entertaining space 접대 공간

정답　(B)

Practice 14　▶ 정답 및 해설은 207쪽

Question 14 refers to the following memorandum.

To: All Managers and Employees
From: David Shields, Facility Manager
Subject: After Hours Safety

As daylight hours become shorter, unfortunately, street crime tends to increase. We want you to be safe when you leave your building, especially at night.

We encourage you to take the following precautions:

- Avoid walking alone if possible.
- Have your keys in hand before arriving at your car.
- Keep a firm grip on your purse or computer case.
- Stay on well-lit and well-traveled streets. Try to avoid shortcuts through alleys and parking lots.
- When you are away from your parked car, try not to leave anything visible that another person may be tempted to steal.
- When taking the metro train or bus, be aware of your surroundings while waiting for your ride to arrive. Sit near other people once you have boarded.

Where to get help:
- If it's dark outside and you would like an escort when you leave your building, please call the Security Operations Team at 8-722-3000. Escorts are available until 10 P.M.
- In an emergency, you should call 911.
- The San Martin City Police Department also has a direct emergency number: 599-777-3211.

14. What kind of situation is NOT mentioned in the memo?

(A) Walking alone on the street
(B) Driving in urban areas
(C) Carrying a handbag on the street
(D) Leaving items inside a car

요청 & 제안

☑ 출제 경향

무엇을 요구하거나 요청하는 문제는 어떤 유형의 문제보다 단서의 위치가 명확하다. 즉, 지문의 흐름상 여러 정보를 알려준 후 지문 후반부에 요구나 요청 사항으로 마무리하는 경우가 대부분이다. 따라서 요청 문제가 나왔다면 일단 지문 마지막 단락을 유심히 살핀다.

● 빈출 문제 유형

- What does A want[advise, ask, offer] B + to-V?
  A가 B에게 하길 원하는 것은 무엇인가?

- What is A asked[advised] to-V?
  A가 ~하도록 요구받은 사항은 무엇인가?

▶ 해결 전략

지문의 후반부, 특히 마지막의 1~2문장에서
제시될 확률이 매우 높다!

▶ 대부분 지문의 흐름이 초반부에 화두를 제시하고 중반부에서 부연 설명을 한 다음 후반부에서 요청이나 제안을 하게 되는 수순으로 전개되므로 요청 & 제안 유형이 제시되면 습관적으로 일단 지문 후반부에 집중하며 문제를 풀어나가야 한다. 특히 Please나 if절, 그리고 I would appreciate ~ 등처럼 남에게 무언가를 부탁하는 표현이 들어간 문장에 주목한다.

Question 17 refers to the following text message chain.

> Daniel Kroft (8:09 P.M.)
> Hi, Sandra. I received your e-mail. Everything looks good except for

the fact that you made a mistake on the number of attendants for tomorrow's seminar.

Sandra Lee (8:10 P.M.)
You must be kidding me. I checked many times to make sure I didn't make any careless mistakes. I'm so sorry. I will correct it and send it to you again.

Daniel Kroft (8:12 P.M.)
Don't worry about it. Please send it to me before 9:00 P.M. so I can meet the deadline of the report.

17. What does Mr. Kroft want Ms. Lee to do?

(A) Report an issue
(B) Attend a work event
(C) Send an e-mail
(D) Be on time for a deadline

☀ 이렇게 해결해요!

❶ **문제 파악** | 먼저 문제를 읽고 어떤 유형인지 파악한다.

What does Mr. Kroft want Ms. Lee to do?
크로프트 씨는 리 씨가 무엇을 하기를 바라는가?

➡ 요청이나 제안 유형은 누가 누구에게 요청하는지를 잘 파악하는 것이 핵심이다. 이 문제에선 크로프트 씨가 리 씨에게 요청하는 내용을 묻고 있다. 이때 선지의 내용까지 미리 살펴볼 필요는 없다.

❷ **단서 파악** | 지문 마지막 1~2문장에 집중하여 단서를 찾는다.

Question 17 refers to the following text message chain.

Daniel Kroft (8:09 P.M.)
Hi, Sandra. I received your e-mail. Everything looks good except for the fact that you made a mistake on the number of attendants for tomorrow's seminar.

Sandra Lee (8:10 P.M.)
You must be kidding me. I checked many times to make sure I didn't make any careless mistakes. I'm so sorry. I will correct it and send it to you again.

Daniel Kroft (8:12 P.M.)
Don't worry about it. Please send it to me before 9:00 P.M. so I can meet the deadline of the report.

➡ 요청이나 제안 유형은 if절이나 Please ~ 등이 언급된 곳에 거의 99% 정답의 단서가 숨어 있다. 그 외에도 Would you ~?, You must[should] ~, 혹은 recommend, hope, want, expect, require 등에도 정답의 단서가 숨어 있을 가능성이 대단히 높다. 지문 후반부 다니엘 크로프트의 대화를 보면 Please ~로 시작하는 문장을 찾을 수 있다. 즉, Please send it to me before 9:00 P.M. so I can meet the deadline of the report.는 오후 9시 전까지 보내주길 바라고 있으며, 그래야 보고서 마감 시한을 지킬 수 있다고 설명하고 있다.

❸ **선지 파악** │ 지문의 내용과 일치하는 선지를 고른다.

(A) Report an issue   문제점을 보고한다.
(B) Attend a work event   업무 행사에 참석한다.
(C) Send an e-mail   이메일을 보낸다.
(D) Be on time for a deadline   마감 시한을 맞춘다.

➡ 결국 크로프트 씨는 리 씨에게 이메일을 보내달라고 하므로 (C)가 정답이다.

> **해석**
>
> 문제 17번은 다음 온라인 메시지 체인을 참조하시오.
>
> 다니엘 크로프트 (오후 8시 9분)
> 안녕, 산드라 씨. 당신의 이메일을 받았습니다. 내일 세미나 참석자 수에 대해 실수하신 것 외에는 모든 게 괜찮아 보입니다.
>
> 산드라 리 (오후 8시 10분)
> 농담 마세요. 저는 부주의한 실수를 하지 않았는지 여러 번 확인했어요. 정말 죄송해요. 정정해서 다시 보내 드릴게요.
>
> 다니엘 크로프트 (오후 8시 12분)
> 걱정하지 말아요. 오후 9시 전까지 보내주세요. 그래야 내가 보고서 마감 시한을 지킬 수 있습니다.

어휘　attendant 참석자　careless mistake 부주의한 실수　meet the deadline 마감 시한을 맞추다

정답　(C)

Practice 15　▶ 정답 및 해설은 208쪽

Question 15 refers to the following receipt.

Homestead Bakery
1199 Beacon St.
Brookline, MA 02446
Open Monday to Saturday from 6 A.M. to 6 P.M.

- -

23 AUGUST   5:34 P.M.
RECEIPT NUMBER: 2527
CASHIER: John Ricketts

3 French Croissant $12.00
2 Rye Wheat Bread Loaf $6.00
4 Honey Glazed Donut $6.00
SALES TAX $1.68

Order Total: $25.68

- -

Homestead Bakery caters for large events and business meetings.

Visit www.homesteadbreads.com to tell us about your favorite Homestead Bakery product, and you could win a month's worth of breads and pastries. Bring this receipt to our newly opened Prince Street location and get 10% off your next purchase.

---

15. Why are customers asked to visit the Prince Street location?

(A) To nominate a bread or pastry
(B) To place a catering order
(C) To request a refund
(D) To obtain a discount

3장

PART 7
지문 유형별 해결 전략

이메일(E-mail)

☑ 출제 경향

이메일(e-mail)은 일상생활이나 비즈니스 환경과 깊이 연관된 실용문으로, 수신자와 발신자가 명시되며 글의 목적이 분명하게 드러나는 지문의 종류에 속한다. 단일 지문에서는 매회 총 10개의 지문 중 평균 0.92개, 이중 지문에선 매회 총 4개의 지문 중 평균 1.58개, 그리고 삼중 지문에선 매회 총 9개의 지문 중 평균 2.42개꼴로 출제될 정도로 지문의 종류 중에서 가장 출제 빈도가 높은 유형이다.

● 이메일(E-mail)의 빈출 어휘

이메일의 내용은 주로 회사 업무나 상거래, 혹은 구인, 구직 활동에 대해 빈번하게 제시된다. 따라서 각 분야별로 자주 나오는 어휘들을 먼저 숙지할 필요가 있다.

- **회사 업무**
  - a minimum of 최소
  - be as follows 다음과 같다
  - paperwork to complete 작성할 서류
  - personnel manager 인사과장
  - report to ~으로 가다, ~을 위해 일하다, ~에게 보고하다
  - take inventory 재고조사를 하다
  - accounting department 회계부
  - come for an interview 인터뷰하러 오다
  - partner with ~와 협력하다
  - relevant to ~와 관련된
  - take great pride in ~에 대단한 자부심을 가지다
  - advertising department 광고부
  - affiliate 계열사, 지부, 협력사
  - associate 동료, 공동 경영자

- auditor 감사
- business contact 사업 인맥
- bureau 사무국, 지국
- business day 영업일
- corporate performance 기업 실적

- **일반 상거래**
  - basic order requirements 기본 주문 요건
  - expire 기한이 끝나다(= end)
  - included brochure 동봉된 소책자
  - retail store (소매) 매장
  - be equipped with ~을 갖추고 있다
  - hotel concierge 호텔 안내 데스크
  - positively impact 긍정적으로 영향을 미치다
  - via the online inquiry form 온라인 질문 양식을 통해
  - clearance sale 재고 처분, 재고 정리
  - auction 경매
  - duty-free shop 면세점
  - enterprise 기업
  - estimate 견적
  - executive (회사의) 간부

- **구인&구직**
  - go through the list 리스트를 검토하다
  - in writing 서면으로
  - judging from your résumé 당신의 이력서로 판단컨대
  - managerial position 운영 직책
  - required information 필요한 정보
  - ideal candidate 이상적인 지원자
  - indicate interest in ~에 관심을 보이다
  - letter of recommendation 추천서
  - opportunity to do ~할 기회

주요 패러프레이징

이메일의 지문과 문제에서 제시된 주요 패러프레이징 사례들을 파악해 보도록 하자.

- All employees are expected to attend the meeting.
  모든 직원들이 그 미팅에 참여할 것으로 기대된다.
  = The meeting will be held for all employees.
    그 미팅은 모든 직원들을 위해 열린다.

- There will be paperwork to complete first.   먼저 완성할 서류가 있을 것이다
  = He will fill out some forms.   그는 몇 가지 양식을 작성할 것이다.

- strong communication and leadership skills   뛰어난 의사 소통 및 리더십 능력
  = good verbal skills   훌륭한 언어 구사 능력

- prior management experience   이전의 관리 경험
  = experience in a similar position   유사한 직책에서의 경력

- Qualified applicants should visit our online application system.
  자격 있는 지원자들은 우리의 온라인 지원 시스템을 방문해야 합니다.
  = Visit the company Web site.   회사 웹사이트를 방문하십시오.

- the first store in your city to sell our products
  당신의 도시에서 우리 제품을 판매하는 첫 번째 가게
  = The only retailer in the area   해당 지역의 유일한 소매점

지문의 흐름

이메일 지문은 그 지문의 특성상 대개 '글을 쓴 목적 ▶ 세부 내용 ▶ 요청 사항' 순으로 진행되는 것이 일반적인 흐름이다. 왜냐하면 이메일은 상대방에게 보내는 전자상의 편지글이므로 일반적으로 먼저 왜 자신이 이 글을 쓰게 되었는가에 대한 목적을 언급하고 용건에 대한 세부 내용을 밝히게 되며, 지문 후반부에서는 상대방에게 요청이나 권유하는 사항을 서술하기 때문이다.

발신자의 성명, 주소	From: Mary Bowen <mbowen@allcore.com>
수신자의 성명	To: All staff
제목	Subject: Temporary closing of the covered parking area

이메일 작성 날짜	Date: April 15
이메일을 보낸 목적&이유	Attention, all employees. ❶ From May 1 through May 10, the area of our parking lot that provides covered parking will be closed for renovations.
세부 사항 및 첨부물	As some of you have reported, the structure has aged and become unsafe. Construction crews will be reinforcing the support beams and repairing some cracks that were allowing rain and snow through the roof. We understand that the loss of 100 parking spaces, however brief, will cause some inconvenience. ❷ We have arranged with the facility across the street to allow All Core employees to park there during the period in question.
추가 정보 및 요청 사항	Once the parking area has reopened, please discontinue the use of this lot. If you have any questions or concerns, please call me at extension 505.
끝인사	Thank you,
발신자 성명	Mary Bowen

위의 지문을 바탕으로 몇 개의 문제를 살펴보도록 하자.

1. What is the purpose of the e-mail?

(A) To announce that an office will be closed for repairs
(B) To notify employees of future construction work
(C) To request funds for an upcoming special project
(D) To apologize for a delay in shipment

➡ 이메일의 작성 의도를 묻는 문제이다. 이메일의 주제나 목적은 지문의 흐름에 따라 지문 초반부에 주목해야 한다. 따라서 ❶의 내용을 통해 직원들에게 주차장 공사가 곧 시작될 것이라는 사실을 알리고 있음을 알 수 있다. 따라서 정답은 (B)이다.

2. According to the e-mail, how will All Core assist its employee?

(A) By providing them with an alternate location to store their vehicles
(B) By reimbursing them for the cost of storing their cars elsewhere
(C) By allowing employees to work from home from May 1 to 10
(D) By offering shuttle transportation for the physically handicapped

➡ 이메일의 내용에 대한 세부 정보를 묻고 있다. 세부 정보는 지문의 흐름에 따라 이메일의 주제나 목적이 나온 다음부터 요청이나 제안 사항이 나오기 전까지의 내용을 참조한다. 그리고 문제에서 제기된 세부 정보의 단서가 되는 키워드를 숙지하고 지문에서 그 키워드가 제시된 부분을 찾아 내용을 파악한다. 질문의 내용을 보면 올코어가 직원들을 돕는 방법을 찾아야 하므로 직원들(employees)라는 용어가 언급된 부분 주위에서 단서를 찾는다. ❷를 통해 차량을 보관할 대체 장소를 제공한다는 사실을 알 수 있다. 지문의 the facility across the street to allow All Core employees to park가 an alternate location to store their vehicles로 패러프레이징 되어 있다.

해석

발신: 메리 보웬 <mbowen@allcore.com>
수신: 전 직원들
제목: 실내 주차장의 일시 폐쇄
날짜: 4월 15일

모든 직원들은 보시기 바랍니다. 5월 1일부터 10일까지, 실내 주차를 제공하는 우리 주차장이 수리 공사로 인해 폐쇄될 것입니다.
여러분들 몇몇이 보고한 바와 같이, 이 구조물은 오래되었고 안전하지 못합니다. 건설 인부들이 지지 기둥을 강화하고 천장을 통해 비나 눈이 스며들게 했던 일부 갈라진 틈을 수리할 것입니다. 아무리 짧은 기간이지만 100대의 주차 공간을 잃게 되는 것이 어느 정도 불편을 초래할 것이라는 점을 알고 있습니다. 회사에서는 문제가 되는 이 기간 동안 올코어의 직원들이 주차할 수 있도록 길 건너편에 시설을 마련했습니다.
주차장이 다시 문을 열게 되면, 길 건너편 부지의 사용은 중단해 주세요. 의문점이나 우려되는 점이 있으면 내선번호 505번으로 제게 전화주세요.

감사합니다.

메리 보웬

1. 이메일의 목적은 무엇인가?

(A) 사무실이 수리 공사로 닫는다는 것을 알리는 것
(B) 직원들에게 향후 있을 건설 공사를 공지하는 것
(C) 다가올 특별 프로젝트에 대한 자금을 요청하는 것
(D) 배송 지연에 대해 사과하는 것

2. 이메일에 따르면 All Core는 어떻게 직원들을 지원할 것인가?

(A) 차량을 보관할 대체 장소를 제공함으로써
(B) 차를 다른 곳에 보관하는 비용을 보상해 줌으로써
(C) 직원들에게 5월 1일에서 10일까지 재택 근무를 허가함으로써
(D) 신체가 불편한 이들에게 셔틀 교통편을 제공함으로써

어휘　covered parking (지붕이 있는) 실내 주차　structure 구조, 구조물　reinforce 강화하다　crack (갈라진) 틈, 금　facility 시설　extension 내선, 구내전화　notify 공지하다　upcomimg 다가오는　shipment 배송, 선적　alternate 번갈아, 상호의　reimburse 배상하다

정답　1. (B)　2. (A)

Practice 1 ▶ 정답 및 해설은 208쪽

Questions 1-3 refer to the following e-mail.

From:	Tara Brown <tara.brown@mail.com>
To:	All applicants
Date:	May 3
Subject:	Event information

Hello, all. I just wanted to remind everyone that this weekend has lots of fun for everyone. On Saturday, the 20s/30s group is meeting at the Houston Children's Museum at 10 A.M. We will gather near the big fire truck inside just before you go upstairs. For those who have never been there, there is a play area for small children on the main level and activities for toddlers and older children throughout the building. In addition, on Saturday, there will be a special Legos exhibit from 11 A.M. – 2 P.M. There is a place to get food, or you can bring your lunch with you if you plan to stay that long.

We will also be getting together for lunch on the 2nd Sunday of the month. Please join us at Brewster's at 88th at 11:30 A.M. This is a great time to get to know each other. If you are planning to come on Sunday, please let me know by calling me at 804-5115 or by replying to this e-mail so that I can have an idea of how many to plan on. If you are a maybe, please let me know this as well. That will help me let Brewster's know how many to expect.

Thanks,

Tara Brown

1. What is the purpose of the e-mail?

(A) To announce the grand opening of a children's museum
(B) To inform e-mail recipients of upcoming events
(C) To ask for donations for the upcoming lunch
(D) To notify group members of a required membership fee

2. What does Ms. Brown suggest the e-mail recipients bring on Saturday?

(A) Some clothes
(B) A simple lunch
(C) Cash for the entrance fee
(D) An umbrella

3. Why does Ms. Brown want people to respond to the e-mail?

(A) To indicate their intention to show up on Saturday
(B) To volunteer to organize next month's lunch event
(C) To give feedback on the success of the group's activities
(D) To let her know their plans for lunch on Sunday

02강

출제 빈도 매회 평균 **2.53**개

기사(Article)

☑ 출제 경향

기사(article)는 경제, 인물, 문화, 사회, 환경 등 정치나 국제 문제를 제외한 다방면의 내용이 등장하고 있다. 대체로 전문 분야를 다루기 때문에 해당 분야와 관련된 어려운 단어들이 제시되는 경우가 많으므로 수험생들이 가장 힘들어 하는 지문 유형이다. 하지만 광고와 마찬가지로 제목에서 대략 무엇에 대한 내용인지를 유추할 수 있다는 장점이 있다. 단일 지문에선 매회 1.5개, 이중 지문에선 총 4개 지문 중 매회 0.33개, 삼중 지문에선 총 9개 지문 중 매회 약 1개꼴로 출제가 되고 있다.

● 기사(Article)의 빈출 어휘

기사의 내용은 주로 기업이나 기타 기관, 혹은 개인과 관련된 내용에 대해 빈번하게 제시된다. 따라서 각 분야별로 자주 나오는 어휘들을 먼저 숙지할 필요가 있다.

- 기업 관련
  - be focused on　~에 초점이 맞춰지다
  - household goods　가정용 제품
  - meet the needs of　~의 필요를 충족시키다
  - release a report　보고서를 내다
  - be indebted to　~에 빚지다
  - in comparison to　~와 비교하여
  - physical limitations　물리적 제약
  - shortly[right / immediately / soon] after　~한 직후

- 기업 외 기타 기관 관련
  - approve new regulations　새로운 규정을 승인하다
  - be called into question　문제시되다
  - comply with　~을 지키고 따르다

- limit the number of ~의 수를 제한하다
- press conference 기자회견
- under construction 공사 중인
- at the discretion of ~의 재량에 따라
- community 지역 사회
- generic fund 일반 기금
- make a great destination 대단한 목적지가 되다
- underprivileged children 저소득층 아이들

- 개인 관련
  - account for 설명하다, (비율) 차지하다
  - be distinguished with ~으로 유명해지다
  - inquire about ~에 대해 문의하다
  - bachelor's degree 학사 학위
  - be elected as ~으로 선출되다
  - property owner 재산 소유자

주요 패러프레이징

기사의 문제에서 제시된 주요 패러프레이징 사례들을 파악해 보도록 하자.

- to ensure the safety of the customers 고객의 안전을 보장하는 것
  = security measures taken by the company 회사가 취하는 보안 조치

- planning for retirement 은퇴에 대한 준비
  = preparing for life after one's career 은퇴 후의 삶을 준비

- A faculty member will present a mock class and have a question-and-answer session. 한 교수가 모의 수업과 질문 및 답변 시간을 갖는다.
  = They include an opportunity to field questions.
    질문을 다룰 기회를 포함한다.

- Architecture has been a passion of his from an early age.
  건축은 어린 시절부터 그의 열정이었다.
  = He showed an interest in architecture at a very early age.
    그는 아주 어린 나이에 건축에 관심을 보였다.

- You will receive a 10% discount. 당신은 10퍼센트 할인을 받을 수 있다.
  = A markdown will be applied. 할인이 적용될 것이다.

- Pedro has been cooking since 20 years ago.
  페드로는 20년 전부터 요리를 해오고 있다.

  = He has been cooking for more than two decades.
    그는 20년이 넘는 세월 동안 요리를 해오고 있다.

지문의 흐름

기사문은 그 지문의 특성상 대개 '기사의 제목과 주제 ▶ 세부 내용 ▶ 부연 설명' 순으로 진행되는 것이 일반적인 흐름이다. 왜냐하면 기사는 사실을 객관적으로 전달하는 글이므로 초반부에 기사가 알리고자 하는 이슈를 일단 제시하고 그 이슈에 대한 세부 내용들을 서술한다. 또한 후반부에는 세부 내용 외에 추가적으로 알릴 필요가 있는 내용들을 부연 설명하면서 글을 마무리하기 때문이다.

기사의 제목	**No More Sneezes** By Sylvester Bernard
기사의 목적이나 주제	Do you have itchy eyes or a watery nose? Are you suffering from an allergy? Well, in the near future, you may no longer have any of those problems. ❶ Researchers currently are hard at work in Silverton Labs right here in our city as they look for a magic potion that will cure people of all their allergies.
세부 사항	❷ Silverton realizes that success in the allergy prevention field will send the company's fortunes into the stratosphere, so it is carefully guarding all its research and has sworn its employees to confidentiality. We have been told that a large number of dogs, cats, chimpanzees, rabbits, and other laboratory animals have been purchased by Silverton. A few local animal rights groups have launched a protest against the company to stop its alleged animal testing.

부연 설명
According to a statement released by the company, the animals are not being mistreated. The company is only using their fur to determine why humans are so allergic to animal hair.

❸ If the researchers can find a cure for allergic reactions to animal hair, then pet lovers all over the world will rejoice and line up for miles to buy it.

위와 같은 흐름으로 몇 개의 문제를 살펴보도록 하자.

3. What is the subject of this article?

(A) Research going on at a local company
(B) The reasons why people are allergic to animals
(C) Why animal testing is a bad idea
(D) The possibility of making money in business

➡ 기사의 주제를 묻는 문제이다. 지문의 흐름에 따라 기사도 그 주제가 지문 앞부분에 제시된다. 따라서 제목 다음의 첫 번째 단락을 유심히 살펴본다. ❶을 통해 우리 도시의 실버톤 랩스 연구진이 알레르기 반응에 대한 치료약을 개발 중임을 밝히고 있으므로 정답은 (A)이다.

4. What does Silverton Labs do?

(A) It performs animal testing.
(B) It conducts medical research.
(C) It markets cures for allergies.
(D) It researches medicines for animals.

➡ Silverton Labs와 관련된 세부 정보를 묻고 있다. 따라서 실버톤 랩스가 언급된 표현을 중심으로 살펴본다. 지문의 흐름에 따라 지문 초반부의 주제나 목적이 제시된 다음부터 살펴보도록 하자. ❶을 통해 실버톤 랩스가 알레르기 치료약을 연구, 개발하는 회사임을 알 수 있으므로 (B)가 가장 적합하다. (A)는 연구를 위해 동물 실험을 하긴 하지만 그 자체가 주요 활동이 아니다. 또한 실버톤 랩스는 치료제를 판매하는 회사가 아니라 연구하는 회사이며, 사람의 알레르기 치료를 궁극적인 목적으로 삼고 있으므로 (C), (D)도 부적합하다.

5. What will happen if the laboratory's work is successful?

(A) Some pets will no longer have any allergies.
(B) The company will make a large amount of money.
(C) People will stop protesting the company.
(D) It does not need to do any animal testing.

➡ 연구가 성공할 경우 발생할 일에 대해 묻고 있는 세부 정보 문제이다. 지문의 흐름에 따라 미래에 발생할 일에 대해서는 지문 후반부의 부연 설명 부분을 참조하도록 한다. 또한 연구가 성공한다는 가정을 하고 있으므로 가정의 표현이 들어간 부분을 찾아본다. ❷와 ❸을 통해 알레르기 치료약이 개발되면 동물 애호가들이 그것을 사려고 줄을 설 것이 뻔하고, 또한 실버톤 랩스는 알레르기 예방 분야의 성공이 엄청난 부를 축적시켜 주리란 점을 잘 알고 있다고 했으므로 정답은 (B)이다. (A), (C), (D)는 모두 해당 사항이 없다.

해석

더 이상 재채기는 없다.
실베스터 버나드

눈이 가렵거나 콧물이 나십니까? 알레르기 때문에 고통 받고 계십니까? 글쎄요, 가까운 미래에는 더 이상 그 문제에 대해 고민하지 않아도 될 것입니다. 우리 도시의 실버톤 랩스에서 근무하는 연구원들은 현재 열심히 일하면서, 사람들의 모든 알레르기를 치료해 줄 마법의 약을 개발하고 있습니다.

실버톤은 알레르기 예방 분야의 성공이 엄청난 부를 축적시켜 줄 것이란 점을 잘 알고 있으므로, 모든 연구를 신중하게 보호하고 있으며, 직원들에게 기밀 유지에 대한 서약을 시키기도 했습니다. 우리는 상당수의 개, 고양이, 침팬지, 토끼, 그리고 다른 실험용 동물들이 실버톤에 의해 구입되었다고 들었습니다. 몇몇 지역의 동물 보호 단체에선 의혹이 제기되는 동물 실험을 중단하라고 회사에 항의하기 시작했습니다.

회사에 의해서 발표된 성명서에 의하면, 동물들은 학대당하는 것이 아니라고 합니다. 그 회사는 사람들이 동물의 털에 의해 알레르기가 발생하는 원인을 밝혀내고자 동물의 털을 사용할 뿐이라고 말했습니다.

만약 연구원들이 동물의 털에 의한 알레르기 반응 치료약을 개발한다면, 전 세계 동물 애호가들은 기뻐하며 그것을 구매하고자 수 마일에 걸쳐 줄을 서게 될 것입니다.

3. 이 기사의 주제는 무엇인가?

(A) 지역의 회사에서 진행 중인 연구
(B) 사람들이 동물 알레르기에 걸리는 이유
(C) 동물 실험이 나쁜 이유
(D) 사업으로 돈을 벌 가능성

4. 실버톤 랩은 무엇을 하는 회사인가?

(A) 동물 실험을 한다.
(B) 의학 연구를 한다.
(C) 알레르기 치료제를 판매한다.
(D) 동물을 위한 의약품을 연구한다.

5. 연구실의 연구가 성공한다면 어떤 일이 일어나겠는가?

(A) 애완동물들은 더 이상 알레르기 반응을 겪지 않을 것이다.
(B) 회사는 많은 돈을 벌어들일 것이다.
(C) 사람들은 회사에 항의하는 것을 중지할 것이다.
(D) 더 이상 동물 실험을 할 필요가 없어질 것이다.

어휘 itchy 가려운 allergy 알레르기 magic potion 마법의 약 alleged (증거 없이) 주장된 statement 성명서 release 공개하다 mistreat 학대하다 fur (동물류의) 부드러운 털 pet lover 동물 애호가 rejoice 기뻐하다 line up 줄을 서다

정답 3. (A) 4. (B) 5. (B)

Practice 2 ▶정답 및 해설은 209쪽

Questions 4-6 refer to the following article.

Shanghai Business Report

March 7

Shang Kang Accounting Recognized in Business Journal

April's issue of *Taiwan Finance Monthly* will focus on Shang Kang Accounting. This reputable firm will feature in *Taiwan Finance Monthly*'s top five accounting firms to watch in Asia. Chief Executive John Chan was the accounting director at Silverman Enterprises in Los Angeles for ten years before starting his own company almost four years ago. The success he achieved at Silverman Enterprises inspired Mr. Chan to pursue the same success in his home country of Taiwan. Shang Kang Accounting has evolved into a global corporation that has offices in Taipei, Beijing, London, and Berlin.

Reports suggest that Mr. Chan plans to open another office in Seoul by November of this year at the latest. The journal feature says that it is the focus on high-quality customer service that has enabled Shang Kang Accounting to overtake its competitors in the accounting business in such a short amount of time.

4. What is the purpose of the article?

(A) To introduce a notable business
(B) To explain why a business failed
(C) To discuss how global firms operate
(D) To list the oldest pharmaceutical firms in Asia

5. What is true about Shang Kang Accounting?

(A) Its founder was unhappy with the quality of its accounting service.
(B) Its headquarters is located near Silverman Enterprises.
(C) Its customer service has been a key to its success.
(D) It received an award from *Taiwan Finance Monthly*.

6. Where does Shang Kang Accounting currently NOT have a branch office?

(A) Seoul
(B) Taipei
(C) Berlin
(D) London

공지(Notice)

☑️ 출제 경향

공지(notice)는 보통 특정 지역이나 회사 내의 공사, 강연, 행사에 대한 공지 사항 또는 게시문의 내용이 주를 이룬다. 단일 지문에서는 매회 평균 0.63개꼴로 출제되지만, 이중 지문에서는 매회 0.11개, 삼중 지문에서는 매회 0.26개꼴로 등장할 정도로 출제 빈도는 낮은 편이다.

공지(Notice)의 빈출 어휘

공지의 내용은 주로 회사나 고객에 대한 공지가 주류를 이루며 간혹 일반 공지 사항도 제시될 수 있다. 따라서 각 분야별로 자주 나오는 어휘들을 먼저 숙지할 필요가 있다.

- 회사 내 공지
  - address some key issues   몇몇 핵심 문제들을 다루다
  - principle   원칙
  - safety standards   안전 기준
  - immediate compliance   즉각적인 지시 이행
  - safety inspection   안전 점검

- 고객에 대한 공지
  - be observed   (규정 등이) 준수되다
  - feature   ~을 포함하다, ~을 특징으로 하다
  - registration cost   등록 비용
  - renew membership   회원 자격을 갱신하다
  - ensure   약속하다, 보장하다
  - for a small fee   약간의 입장료로
  - remit payment   돈을 보내다
  - state-of-the-art   최신의

- 기타 일반 공지
  - applicant requirements 지원 자격
  - generous donation 풍부한 기부
  - sell out 매진되다
  - To whom it may concern 관계자 분께
  - application form 지원서 양식
  - letter of recommendation 추천서
  - take advantage of ~을 충분히 이용하다
  - property owner 재산 소유자

주요 패러프레이징

공지의 문제에서 제시된 주요 패러프레이징 사례들을 파악해 보도록 하자.

- Personal time off will require the approval of your supervisor.
  개인적 휴가는 부서장의 승인이 필요합니다.

  = Permission must be granted by a superior. 허가는 상급자가 승인해야 한다.

- The class will meet in the aerobics center as a backup location in case of inclement weather.
  이 강의는 궂은 날씨 때엔 예비 장소인 에어로빅 센터에서 모입니다.

  = The class will meet at an alternate location.
  강의는 대체 장소에서 모일 것이다.

- Early cancelation of your membership is not permitted.
  멤버십의 조기 취소는 허용되지 않습니다.

  = A membership can't be ended early. 멤버십은 조기에 끝낼 수 없다.

- Free delivery is only included in the rental package of 3 or more items. 무료 배송은 3개 아이템 이상의 렌탈 패키지에만 포함되어 있습니다.

  = It doesn't guarantee free delivery in all cases.
  모든 경우에 무료 배송을 보장하는 것은 아니다.

- The temporary visitor must not benefit financially during his trip.
  임시 체류자는 여행 도중 금전적인 혜택을 얻으면 안 됩니다.

  = The visitor can't earn money. 방문자는 돈을 벌 수 없다.

- It will be undergoing the same change in procedure during May and June. 5월 및 6월 내내 절차의 동일한 변화가 있을 것입니다.

 = Changes will be made over the next 2 months.
   변화는 향후 두 달 내내 있을 것이다.

- We may begin boarding as early as 30 minutes prior to your flight's scheduled departure time.
  항공편 출발 예정 시각 30분 전에 탑승을 시작하실 수 있습니다.

 = Flights can board as much as a half hour early.
   비행기는 30분 일찍 탑승할 수 있습니다.

지문의 흐름

공지문은 그 지문의 특성상 대개 '공지의 제목 ▶ 공지의 주제 ▶ 세부 내용 ▶ 끝맺음' 순으로 진행되는 것이 일반적인 흐름이다. 먼저 어떤 목적으로 공지를 하는지 밝히고, 그에 대한 세부 내용을 전달한다. 그리고 혹시 문의 사항이 있으면 어디로 연락하라며 글을 마무리하는 것이 대체적인 공지문의 수순이다.

제목	❶ The Storage Association (TSA) Annual Tradeshows
공지의 주제	The Storage Association is made up of professionals from every aspect of the storageindustry: ❷ storage facility owners and managers, vendors who provide materials, products, and services geared for the industry, landowners whose locations are zoned and ideal for storage facilities, and many others.
세부 내용	As a member of the TSA, you are privy to several educational events throughout the year. Our programs are developed by storage professionals for storage professionals. These events are vital to the growth of your business, whether you're a facility owner, vendor, or another member of our industry.
	Each spring, the TSA hosts the Spring Convention & Tradeshow in Las Vegas, Nevada, and brings professionals together from every corner of the world. The same event takes place in the fall, this time in Philadelphia, Pennsylvania.

끝맺음	❸ If you are interested in either buying a ticket to or renting a booth at a tradeshow, you can contact our office at (888) 252-3366 or tradeshow@tsa.org.

위와 같은 흐름으로 몇 개의 문제를 살펴보도록 하자.

6. Who would be interested in this notice?

(A) A moving and storage company
(B) A licensed healthcare professional
(C) Las Vegas musical performers
(D) Retail store owners and developers

➡ 이 글에 관심을 가질 만한 대상을 묻는 문제이다. 글의 대상을 묻는 문제는 지문의 성격 및 주제와 관련이 깊으므로 이 공지가 어떤 목적을 지녔는지를 먼저 파악한 후 그 목적에 관심을 가질 만한 대상을 떠올린다. 일단 제목에서 Storage Association이라 나오며, 첫 번째 단락에서 협회에 소속된 회원들의 소개가 나오는데, ❶과 ❷를 통해 (A)와 가장 밀접하게 관련되어 있다는 사실을 확인할 수 있으므로 (A)가 정답이다.

7. Why would someone e-mail tradeshow@tsa.org?

(A) To find other TSA members
(B) To pay an event entrance fee
(C) To inquire about the Chicago tradeshow
(D) To get a list of worldwide storage facilities

➡ 이메일을 보낸 의도를 묻는 세부 정보 파악 문제이다. 이메일 주소가 구체적으로 언급되어 있으므로 그 표현이 들어간 문장을 단서로 지문을 파악한다. 해당 이메일 주소가 나온 마지막 단락의 ❸을 통해 티켓을 구매하거나 부스를 예약할 사람들이 이메일을 보낼 것으로 추정할 수 있다. 따라서 이는 비용이 들어가는 사항이므로 선지 중에 (B)가 가장 적합하다. (C)는 바로 위 단락에서 언급된 여러 개최 장소에 해당되지 않아 오답이며, (A)와 (D)도 해당 사항이 없다.

해석

물류저장협회(TSA) 연례 박람회

물류저장협회는 물류저장 산업 전 분야의 전문가들로 구성되어 있습니다. 물류저장 시설 소유주와 관리자, 이 업계를 위해 만들어진 재료, 제품 그리고 서비스를 제공하는 상인, 물류저장 시설로 구역이 정해지고 적합한 장소의 토지 소유주, 그리고 기타 여러 사람들이 있지요.

협회 회원으로서, 귀하는 1년 내내 여러 차례의 교육 행사에 개별 연락을 받으시게 됩니다. 저희 프로그램들은 물류저장 전문가들을 위해 물류저장 전문가들에 의해 개발되었습니다. 이 행사들은 귀하께서 시설 소유주이든 상인이든 또는 우리 업계의 다른 회원이든 간에 귀하의 성장에 매우 중요합니다.

매년 봄, 협회는 네바다 주 라스베이거스에서 "Spring Convention & Trade Show"를 개최하고, 전 세계 각지에서 전문가들을 함께 모읍니다. 같은 행사가 가을에도 열리는데, 이번에는 펜실베이니아 주 필라델피아입니다.

티켓을 구매하시거나 박람회에서 부스를 예약하는 데 관심이 있으시면, 저희 사무실로 전화(888-252-3366) 주시거나 이메일(tradeshow@tsa.org.)을 보내주시기 바랍니다.

6. 누가 이 공지에 관심을 가지겠는가?

(A) 이사 및 물류저장 회사
(B) 허가된 보건 전문가
(C) 라스베이거스 음악가들
(D) 소매점주들과 개발업체들

7. tradeshow@tsa.org로 왜 이메일을 보내겠는가?

(A) 다른 TSA 회원들을 찾아보기 위해
(B) 행사 참가비를 지불하기 위해
(C) 시카고 박람회에 대해 문의하기 위해
(D) 전 세계 물류저장 시설의 리스트를 얻기 위해

어휘 annual tradeshow 연례 박람회 be made up of professionals 전문가들로 구성되다 every aspect of ~ 전 분야의 storage facility 물류저장 시설 vendor 상인 geared for ~을 위해 설계된(= designed for) landowner 토지 소유주 ideal for ~에 적합한 be privy to ~에 대해 개별적으로 정보를 듣다 be vital to ~에 매우 중요하다 whether A or B A든 B든 간에 bring professionals together 모든 전문가들을 모으다 either A or B A와 B 둘 중의 어느 하나 rent a booth 부스를 빌리다

정답 6. (A) 7. (B)

Practice 3 ▶ 정답 및 해설은 210쪽

Questions 7-9 refer to the following notice.

Attention, All Employees:

Access to our company's computer network will be unavailable on Wednesday, June 25, from 6 A.M. to 2 P.M. for required maintenance to and testing of our network firewall system. Please plan accordingly for this outage.

If you have files stored on your network drive, please be sure to back them up on an external drive as your information may be compromised during the work. We cannot guarantee the retrieval of all information after Wednesday, June 25.

In order to best utilize our time, we ask that if you have any questions, please first go to the Frequently Asked Questions of our Web site at ServiceDesk.com. If your question is not addressed on this list, then contact the service desk at (454) 334-4455 or service_desk@mail.com.

— The Service Desk Team

---

7. Why will the network be unavailable?

(A) A virus has been downloaded.
(B) They are replacing several old computers.
(C) They are observing a national holiday.
(D) Security checks and updates are being made.

8. What are the recipients directed to do?

(A) Turn off their computers
(B) Save all their files to the network
(C) Create secondary copies of their files
(D) Contact their supervisors

9. Why are the employees advised not to contact the service desk first?

(A) There is no one available to answer their questions.

(B) Answers to their questions have been prepared online.

(C) All questions should be directed to their supervisors.

(D) The service desk will not answer questions on this issue.

온라인 채팅문
(Online Chat Discussion)

✔️ 출제 경향

온라인 채팅문(online chat discussion)은 신유형에 새롭게 도입된 지문 유형으로, 매회 1문제 이상은 반드시 출제된다. 오직 단일 지문에서만 출제되며, 대개 온라인 채팅문 1개에 4개의 문제가 딸려 나오는 경우가 가장 많다. 의도 파악 문제는 항상 함께 출제되므로 지문의 흐름을 이해하기 전에 의도 파악 유형으로 제시된 표현이 무엇인지 먼저 검토하면 시간을 절약하는 데 도움이 된다. 주로 3인 이상이 온라인상에서 나누는 메시지를 다루며, 여러 화자가 등장하여 번갈아 이야기를 나누기 때문에 대화상의 핵심 내용을 놓치지 않도록 그 흐름을 잘 파악해야 한다.

◉ 온라인 채팅문(Online Chat Discussion)의 빈출 어휘

온라인 채팅문은 주로 회사 업무나 마케팅 및 대외 행사, 혹은 기타 일반 행사와 관련된 내용이 제시된다. 따라서 각 분야별로 자주 나오는 어휘들을 먼저 숙지할 필요가 있다.

- **회사 업무 관련**
  - arrange　준비하다, 계획하다
  - brief outline　간단한 개요
  - pick one's brains　~의 아이디어를 빌리다
  - take charge of　~을 담당하다
  - be in charge of　~에 대해 책임을 지다
  - give an update　새로운 사항을 알리다
  - representative　직원
  - working station　작업 공간

- **마케팅 및 대외 행사 관련**
  - a wide range of　매우 다양한
  - catering service　출장 음식 제공 서비스

- take last-minute orders 막판 주문을 받다
- arrange an interview 인터뷰를 준비하다
- high demand 높은 수요

- **기타 일반 행사 관련**
  - come up with ~을 생각해내다
  - in stock 재고보유 중인
  - rough timetable 대략적인 일정표
  - venue 장소
  - honor 기리다, 기념하다
  - replacement 대체(물)
  - turn down 거절하다(= reject)

주요 패러프레이징

온라인 채팅문의 문제에서 제시된 주요 패러프레이징 사례들을 파악해 보도록 하자.

- Our team will be in charge of coming up with a marketing strategy.
  우리 팀은 마케팅 전략을 수립할 책임이 있습니다.

  = They work in the Marketing Department. 그들은 마케팅 부서에서 근무한다.

- The hotel is the most luxurious one in this city.
  그 호텔은 이 도시에서 가장 고급스러운 호텔이다.

  = It is an expensive hotel in the city. 이 도시의 비싼 호텔이다.

- I am not a tech-savvy person. 나는 컴퓨터에 능숙한 사람이 아닙니다.

  = She does not know a lot about computers.
  그녀는 컴퓨터에 대해 많은 것을 알지 못한다.

- She is increasing in fame but is still not well known.
  그녀는 명성이 높아지고 있지만, 여전히 잘 알려져 있지는 않다.

  = She is becoming more famous. 그녀는 점점 유명해지고 있다.

지문의 흐름

온라인 채팅문은 그 지문의 특성상 대개 '대화의 화제 ▶ 화제의 세부 사항 ▶ 해결책 ▶ 요청 및 계획 전달' 순으로 진행되는 것이 일반적인 흐름이다. 먼저 무엇 때문에 대화를 신청했는지 밝히고, 화제에 대한 세부 사항 및 해결책에 대해 서로 대화를 주고받는다. 그리고 화제와 관

련된 요청 사항이나 향후 계획 등을 밝히며 채팅을 마무리한다. 따라서 문제를 대할 때 위 지문의 흐름을 이해하고 어느 부분에서 정답의 단서를 파악해야 하는지 미리 살펴보면 문제 해결에 많은 도움이 된다.

대화의 화제 제시	Jason Sewell 8:57 A.M.	Hello, all. Happy Monday! ❶ We need to plan how we will travel to the Gisto Marketing Conference at the beginning of May.
세부 사항 및 해결책	Carol Baker 9:01 A.M.	It would probably be quicker to fly. However, it would also be the costliest.
	David Purnell 9:03 A.M.	I agree with Carol. ❷ The flight is only 45 minutes. ❸ It is a timesaver compared to a three hour drive. However, I am not sure how long it would take it get there by train.
	Erika Candice 9:07 A.M.	I just looked it up. ❹ A train ride would take four hours. That's almost half a day of work!
	Nathan Conway 9:12 A.M.	Wow! We should not go by train.
요청 및 계획 전달	Carol Baker 9:15 A.M.	Now that I think about my suggestion to fly, I don't like the idea. ❺ It would take about two hours to get to the airport and to go through airport security. That's about the same amount of time it would take to drive. ❻ Driving would be less of a headache.
	Jason Sewell 9:21 A.M.	So it's settled. ❼ We will drive. I will reserve a van to fit all of us. With the money we will save by not flying, I will treat us all to dinner!

위의 지문을 바탕으로 몇 개의 문제를 살펴보도록 하자.

8. Why did Jason reach out to the team members?

(A) To get recommendations for the best place to eat brunch
(B) To ask how the team should travel to an upcoming event
(C) To wish one of the team members a happy birthday
(D) To discuss the yearly employee evaluation procedure

    온라인 채팅문에서는 여러 사람이 번갈아 대화를 나누게 되므로 누구에 대한 문제인지를 먼저 파악해야 한다. 대개 그 문제의 단서는 그 사람의 대화에서 찾을 수 있다. 제이슨이 연락한 이유를 묻고 있으므로 먼저 제이슨의 대화를 집중적으로 훑어본다. 제이슨의 대화는 첫 번째와 맨 마지막 대화에서 찾을 수 있다. ❶을 통해 제이슨이 마케팅 컨퍼런스에 가는 교통편을 상의하기 위해 팀원들에게 연락을 했음을 알 수 있다. 따라서 선지의 내용 중 질문에 맞는 것은 (B)이다. how we will travel to the Gisto Marketing Conference at the beginning of May가 (B)에서 how the team should travel to an upcoming event로 패러프레이징되어 있다.

9. Which method of travel needs the longest travel time?

(A) Flying
(B) Taking the train
(C) Driving
(D) Taking a ferry

    여행 시간이 가장 긴 이동 수단을 묻고 있는 세부 정보 파악 문제이다. 세부 정보 파악 문제에선 문제의 동사나 부사구 등에서 언급된 키워드 중심으로 내용을 살펴보는 것이 핵심이다. 이 문제에선 이동 시간을 묻고 있으므로 시간 표현이 제시된 부분을 찾아본다. 데이비드와 에리카의 대화에서 ❷, ❸, ❹, ❺를 통해 (A)는 2시간 45분, (B)는 4시간 그리고 (C)는 3시간이 걸린다는 사실을 알 수 있다. 따라서 (B)가 정답이다.

10. At 9:21 A.M., what does Jason most likely imply when he writes, "So it's settled"?

(A) He believes that the mode of travel is undecided.
(B) He would like to consider taking a ferry.
(C) He believes the group has come to an agreement.
(D) He needs to ask a team member outside the group.

의도 파악 문제에서는 그 문장과 연결된 앞뒤 문장의 논리적 흐름을 따져보는 작업이 급선무이다. "So it's settled."의 앞 문장 ❻에선 운전을 하는 게 그나마 골치가 덜 아플 것이라는 내용이 나오고, 뒤 문장 ❼에선 우리는 운전할 것이라는 내용이 나와 있다. 따라서 그 사이에는 결정이 되었다는 내용이 나와야 한다. 따라서 정답은 (C)이다.

해석

문제 8-10번은 다음 온라인 채팅문을 참조하시오.

제이슨 시웰 오전 8시 57분	모두들 안녕하세요. 행복한 월요일이에요! 우리는 5월 초에 기스토 마케팅 컨퍼런스에 어떻게 갈지 계획해야 합니다.
캐롤 베이커 오전 9시 01분	아마도 비행편이 더 빠르겠죠. 그러나 그것은 또한 가장 비싸죠.
데이빗 퍼넬 오전 9시 03분	캐롤 말에 동의합니다. 비행기는 45분이면 되죠. 3시간 운전에 비해 시간을 절약할 수 있어요. 그러나 기차로는 얼마나 오래 걸릴지 정확히는 모르겠네요.
에리카 캔디스 오전 9시 07분	방금 찾아봤어요. 기차를 타면 4시간이 걸릴 겁니다. 거의 반나절이나 걸리네요!
네이선 콘웨이 오전 9시 12분	와우! 기차로 가면 안 되겠네요.
캐롤 베이커 오전 9시 15분	비행기를 타려 했던 내 제안에 대해 생각해 보니, 그리 좋은 생각이 아니네요. 공항으로 가서 공항 검색대를 통과하는 데 약 2시간이 걸립니다. 운전하는 것과 거의 같은 시간입니다. 운전은 그보다는 머리가 덜 아프죠.
제이슨 시웰 오전 9시 21분	그러면, 이제 해결되었네요. 운전해서 갑시다. 우리 모두가 탈 수 있는 밴을 예약해 볼게요. 비행기를 타지 않아 절약되는 돈으로, 우리 모두 저녁이나 먹읍시다!

8. 제이슨은 왜 팀원들에게 연락했는가?

(A) 브런치를 먹기에 가장 좋은 곳을 추천 받으려고
(B) 다가오는 행사에 팀이 어떻게 가야 하는지 물어보려고
(C) 팀원 중 한 명에게 생일을 축하하려고
(D) 연간 직원 평가 절차를 논의하려고

9. 어떤 여행 수단이 가장 오랜 이동 시간이 필요한가?

(A) 비행기 타기

(B) 기차 타기

(C) 운전하기

(D) 여객선 타기

10. 오전 9시 21분에, 제이슨이 "So it's settled."라고 쓸 때 암시하는 바는 무엇인가?

(A) 이동의 방법이 미정이라고 여긴다.

(B) 여객선을 타는 것을 고려하고 싶다.

(C) 그룹이 의견의 일치를 보았다고 믿는다.

(D) 그룹 밖의 팀원에게 물어볼 필요가 있다.

어휘   costliest 가장 비싼   timesaver 시간을 절약해 주는 것   compared to ~과 비교하면 a three-hour drive 3시간 운전할 거리 look up (정보를) 검색해 보다 half a day of work 반나절이 걸리는 일   go through airport security 공항 검색대를 통과하다 settle 결정하다 reserve 예약하다 treat A to B A에게 B를 대접하다

정답   8. (B)   9. (B)   10. (C)

Practice 4   ▶ 정답 및 해설은 211쪽

Questions 10-12 refer to the following online chat discussion.

Jerry Caldin 2:01 P.M.	September is always a big month for our marketing team. This September, we need to advertise the 50th anniversary of the company to potential clients. Do you all have any suggestions?
Morgan Barry 2:05 P.M.	It would be best to put out a full-page ad in a New York City centered publication.
Donovan Titan 2:08 P.M.	Because our market is youth oriented, I don't think a print advertisement will make a big impact. It would be best to film a short 30-second commercial to show locally during prime time.

Ashley Sindell 2:11 P.M.	A TV commercial could be costly. How about a social media campaign where we market specifically to users in the area?
Laura Walker 2:12 P.M.	I agree! Social media is huge. We could also do a giveaway content to increase engagement.
Morgan Barry 2:15 P.M.	I like the social media concept as well. It still keeps with my original advertising idea. I can draw it up!
Jerry Caldin 2:17 P.M.	Sounds good! I like that we came to a decision as a team. This will be a great collaboration. I cannot wait to see the ads.

10. Why did Jerry contact his team members?

(A) To compare various newspaper companies
(B) To collect thoughts of how to promote an anniversary
(C) To ask about the company's transition to New York City
(D) To discuss the upcoming company outing

11. Why does Donovan suggest a TV advertisement as an option?

(A) The company can produce a video quickly.
(B) The company specializes in TV productions.
(C) The target audience is not interested in print advertisements.
(D) The company staff enjoys watching TV at work.

12. At 2:15 PM, what does Morgan most likely imply when she writes, "I can draw it up"?

(A) She will begin writing the script for the TV commercial.
(B) She will make stickers for the campaign.
(C) She will outline the social media advertisements.
(D) She will leave work early to think about the campaign.

문자 메시지
(Text Message Chain)

✅ 출제 경향

문자 메시지(text message chain)는 온라인 채팅문과 마찬가지로 신유형에서 새로
도입된 지문이다. 지문의 특성상 구어체 표현과 짧고 간결한 표현들이 많이 나오므로
역시 신유형인 '의도 파악' 문제가 반드시 연관 문제로 출제되고 있다. 문자 메시지가
오고 간 시간이나 순서 등을 통해 전체 맥락과 행간의 의미를 파악하는 훈련이 필요
하다.

● 문자 메시지(Text Message Chain)의 빈출 어휘

문자 메시지의 내용은 주로 회사의 업무나 개인 일정에 대한 것이 자주 다뤄진다. 따라서 각
분야별로 자주 나오는 어휘들을 먼저 숙지할 필요가 있다.

▪ **회사 업무 관련**

- check if   ~인지 아닌지 점검하다
- evening shift   저녁 교대근무
- go over   검토하다
- organize and set up   준비하고 조직하다
- reminder   공지 사항
- urgent   긴급한
- confirm   확인하다
- executive   고위 간부
- issue   문제점, 현안
- project presentation   프로젝트 발표
- technical support team   기술지원팀

- 개인 일정 관련
  - apologize for   ~에 대해 사과하다
  - postpone   미루다, 연기하다
  - in the meantime   그동안
  - reschedule   일정을 다시 잡다

- 기타 내용 관련
  - how things turn out   어떻게 결과가 나오는가
  - rearrange   재배열하다, 재배치하다
  - upcoming   다가오는(= coming)
  - inconvenience   불편
  - resolve   해결하다(= solve)

주요 이디엄 표현

의도 파악에 유용한 이디엄 표현들을 별도로 숙지해 두도록 하자.

1. a piece of cake   매우 쉬운 일
2. Everything is going well.   모든 일이 잘 풀리고 있다.
3. I got it.   이해한다, 알아 들었다.
4. I'll get back to you.   다시 연락할 것이다.
5. I'm on it.   지금 그것을 하고 있는 중이다.
6. I've got it covered.   내가 맡아서 준비할 것이다.
7. on the bright side   긍정적으로 보면
8. Same here.   여기도 같은 상황이다.
9. Sure, why not?   물론, 안될 것 없지.
10. That makes sense.   그것이 옳다.
11. That's a relief.   정말 안심이 된다.
12. to cost an arm and a leg   대가가 너무 크다
13. to cut corners   일을 절차대로 처리하지 않다
14. You can count on me.   나를 믿어도 된다.
15. You raised some good points.   좋은 지적이다.
16. You read my thoughts.   당신이 내 마음을 읽었다.
17. What a catch!   정말 좋은 선택이다!

지문의 흐름

문자 메시지는 그 지문의 특성상 온라인 채팅문과 비슷하게 전개되며, 주로 발표나 미팅, 그리고 행사 준비 시 진행 사항 등을 공유하며 그에 따른 문제점이나 해결책에 대해 대화를 나누는 내용이 많다. 즉, '메시지의 의도 및 문제 제기 ▶ 상대방의 해결책 ▶ 추가 정보 및 향후 계획' 순으로 진행되는 것이 일반적인 흐름이다.

문자 메시지의 주제 및 의도	Travis Powell 9:13 A.M.	We have a problem. The red 3D-printer that we are showing to prospective clients today is not working. I believe it is overheated. We can show the flash model or the chrome model. What are your thoughts?
세부 정보 및 해결책 제시	Casey Gilberto 9:14 A.M.	Wow! Let's show the flash model because it is the newest model the company offers. The chrome is one generation older. We want to show that we offer the latest in technology on the market. Before the demonstration starts, make sure you ask Katy. She needs to give the final word.
추가 정보 및 향후 계획	Travis Powell 9:16 A.M.	Okay, Katy is not here right now. She's stuck in morning rush hour traffic. I will try to call her on her mobile phone. I appreciate your reasoning for a great suggestion.

위의 지문을 바탕으로 몇 개의 문제를 살펴보도록 하자.

11. Why is Mr. Powell concerned?

(A) The red 3D printer is printing too slowly.

(B) He did not bring the red 3D printer to the demonstration.

(C) The flash printer is too expensive for customers.

(D) The red 3D printer is not functioning.

⇒ 파웰 씨가 염려하고 있는 것을 묻는 세부 정보 파악 문제이다. 파웰의 염려 사항이므로 일단 파웰의 대화에 집중한다. 파웰의 첫 번째 대화 첫 문장에 We have a problem.이 언급이 되어 있으므로 그 다음 문장에 문제가 되는 내용이 나올 것임을 예상할 수 있다. 즉, 그 다음 문장인 The red 3D-printer that we are showing to prospective clients today is not working.을 통해 (D)를 확인할 수 있다. 나머지 선지들은 언급되지 않은 내용들이다.

12. At 9:16 A.M., what does Mr. Powell most likely mean when he says, "I appreciate your reasoning for a great suggestion"?

(A) He disagrees with Casey's conclusion.
(B) He is going to demonstrate the chrome model.
(C) He will ask the members of the audience which printer they wish to see.
(D) He values Casey's reasoning in making a decision.

⇒ 파웰 씨가 말한 특정 문장의 의도를 물어보고 있다. 우선 의도 파악 문장의 앞뒤 문장을 살펴보는 게 순서이지만 간혹 그 문장만 잘 이해해도 단서가 보이는 문제들도 있으니 일단 그 의도 파악 문장의 뜻을 살펴본다. 의도 파악 문장 내에 appreciate란 표현이 언급되어 있으므로 상대방의 제안에 감사하고 있다는 느낌을 파악할 수 있다. 따라서 정답은 케이시의 생각을 높이 평가하고 있다는 (D)이다.

해석

트래비스 파월 오전 9시 13분	문제가 있어요. 오늘 잠재 고객들에게 보여주고 있는 붉은색 3D 프린터가 작동하지 않습니다. 과열된 것 같은데요. 플래시 모델 또는 크롬 모델을 전시할 수는 있습니다. 당신 생각은 어때요?
케이시 질베르토 오전 9시 14분	와우! 플래시 모델이 회사가 제공하는 최신 모델이니까 그걸 보여주죠. 크롬은 1세대 이전의 것입니다. 우리는 시장에서 최신 기술을 제공한다는 것을 보여주고자 합니다. 시연이 시작되기 전에 케이티에게 반드시 물어보세요. 그녀가 최종 승인을 해줘야 하니까요.
트래비스 파월 오전 9시 16분	좋아요, 케이티가 지금 여기 없는데요. 그녀는 아침 러시아워 교통 체증에 걸렸습니다. 그녀의 휴대폰으로 전화해 볼게요. 훌륭한 제안에 대한 당신의 생각에 감사합니다.

11. 파월 씨는 무엇을 염려하고 있는가?

(A) 붉은색 3D 프린터가 너무 더디게 인쇄되고 있다.

(B) 붉은색 3D 프린터를 시연회에 가져오지 않았다.

(C) 플래시 프린터는 고객들에게는 너무 비싸다.

(D) 붉은색 3D 프린터가 작동하지 않는다.

12. 오전 9시 16분에, 파월 씨가 "I appreciate your reasoning for a great suggestion." 이라고 말할 때 의미하는 바는 무엇인가?

(A) 케이시의 결론에 동의하지 않는다.

(B) 크롬 모델을 시연할 것이다.

(C) 고객들에게 어느 프린터를 보고 싶은지 물어볼 것이다.

(D) 결정을 내리는데 있어 케이시의 생각을 높이 평가한다.

어휘   prospective client 잠재 고객   overheated 과열된   one generation older 한 세대 이전의   offer the latest in technology 최신 기술을 제공하다   demonstration 시연회   give the final word 최종 승인을 내리다   be stuck 갇히다, 옴짝달싹 못하다   conclusion 결론   audience 청중

정답   11. (D)   12. (D)

Practice 5   ▶ 정답 및 해설은 212쪽

Questions 13-14 refer to the following text message chain.

Sydney Jackson 6:42 P.M.	One of the models accidentally tore her black evening dress for tonight's fashion show. We need to replace the torn dress with a new one. Which dress should we use as a replacement?
Michelle Ramsey 6:43 P.M.	Oh, no! That's awful. The show starts at 7 P.M., and she's one of the first to walk the runway. Replace it with the navy blue ballgown. Her dress needs to be a dark color. The other models are wearing brighter colors. We need to stick to the same color palette. Ask a stage manager before pulling the blue dress.

Sydney Jackson 6:45 P.M.	All the stage managers are in a last-minute meeting right now to review notes. I will check with them when they get out!

13. Why does Mr. Jackson express concern to Ms. Ramsey?

(A) An important model is missing.
(B) A dress needs to be changed immediately.
(C) The runway is not prepared yet.
(D) Some dresses are too small for the models.

14. At 6:45 P.M., what does Mr. Jackson most likely imply when he says, "I will check with them when they get out"?

(A) She will personally wear some new dresses.
(B) She will discuss the problem with the other models.
(C) She will talk to the stage managers after their meeting.
(D) She will delay the show for another month.

광고(Advertisement)

☑️ 출제 경향

광고(advertisement) 지문은 크게 제품 및 서비스 광고와 구인 광고의 두 종류로 출제가 된다. 단일 지문에선 평균 0.33개, 삼중 지문에선 평균 0.42개 정도가 출제되고 있지만 이중 지문에선 거의 출제가 되지 않고 있다. 기사와 마찬가지로 제목만 보고도 대략 어떤 내용인지 파악이 가능하며, 또한 글의 구조가 어느 정도 정형화되어 있어 질문에 대한 답을 찾는 데는 다른 지문에 비해 상대적으로 수월한 편에 속하는 지문 유형이다.

● 광고(Advertisement)의 빈출 어휘

광고는 주로 제품이나 서비스에 대한 내용이 자주 다뤄진다. 따라서 각 분야별로 자주 나오는 어휘들을 먼저 숙지할 필요가 있다.

▪ **제품 관련**

- **awesome benefits**   놀라운 혜택
- **express shipping**   특급 배송
- **recycled materials**   재활용 소재
- **seasonal menu**   계절 메뉴
- **consult**   정보를 얻다(= get information from)
- **ordinary shipping**   일반 배송
- **save points**   포인트를 모으다
- **special treats**   특별한 음식들

▪ **서비스 관련**

- **appointment**   약속, 예약
- **esteemed customer**   소중한 고객
- **be eligible to do**   ~할 자격이 있다
- **get special access**   특별 이용 권한을 얻다

- 기타 광고 관련
  - attract the attention of ~의 주의를 끌다
  - furnished 가구가 갖춰진
  - launch a new brand 새로운 브랜드를 시작하다
  - sample all the delicious food 모든 맛있는 음식들을 맛보다
  - unlimited access to ~에 대한 무한 이용

주요 패러프레이징

광고의 문제에서 제시된 주요 패러프레이징 사례들을 파악해 보도록 하자.

- We would like to extend to you $20 off your subscription fee next month. 다음달 요금에서 20달러를 차감해 드리도록 하겠습니다.
  = It will be less than his previous statements.
  이전의 청구서보다 금액이 더 적을 것이다.

- Please visit our Web site for reservations.
  예약을 하시려면 저희 웹사이트를 방문해 주세요.
  = It offers online reservations. 그곳은 온라인 예약을 제공한다.

- It is a large one- and two-bedroom apartments with sizeable kitchens and individual dining rooms.
  그것은 상당한 크기의 주방과 개별 식당이 포함된 1~2개의 큰 침실이 딸린 아파트이다.
  = They each have a dining space. 모두 개별 식사 공간이 있다.

- organizing the operating room and cleaning the equipment
  수술실을 정리하고 장비를 세척하기
  = preparing for surgeries by readying the equipment
  장비를 준비해서 수술을 준비하기

지문의 흐름

광고문은 그 지문의 특성상 대개 '제목 ▶ 광고의 목적 ▶ 광고의 내용 ▶ 당부 및 추가 정보' 순으로 진행되는 것이 일반적인 흐름이다. 일단 무슨 광고인지를 제목을 통해 밝히고 왜 이 광고를 냈는지 이유를 설명한 후 그 내용을 덧붙인다. 마지막으로 당부할 내용과 추가 정보를 전달하며 글을 마무리한다.

광고의 제목	**Looking to increase your employment opportunities? Let us help you!**
광고의 목적	❶ The Ridgedale Education Center is excited to add bookkeeping to our offering of professional courses this spring. Bookkeeping is a versatile and very marketable skill that will greatly enhance your résumé. Easy to learn, this skill will make you more valuable at your current job or make it easier for you to find your next one!
광고 내용의 소개	The bookkeeping course will run from March 25 to May 27. Classes will be held at the REC on Tuesday and Thursday evenings. ❷ The course will be taught by a financial professional with five years' teaching and training experience. Students will receive hands-on instruction on the latest bookkeeping software and will complete independent projects that demonstrate competency in all the skills they learn. At the end of the course, students will receive a completion certificate from the REC.
당부 및 추가 정보	Do not wait for your career to get started. Make the first move yourself! REC members will receive a 10% discount off the course price, and members enrolled in more than one course will receive an additional 15% off.

위의 지문을 바탕으로 몇 개의 문제를 살펴보도록 하자.

13. For whom is the course designed?

(A) Retirees looking for a new job
(B) People who want to be professionals
(C) Graduate students who want to pass thesis
(D) Students to improve their grades

➡ 글의 대상을 묻는 질문이므로 광고의 목적이 제시된 부분에 단서가 있을 확률이 높다. 광고의 목적은 주로 제목 다음에 언급되어 있으므로 제목 다음의 시작 부분을 유심히 살펴본다. ❶을 통해 리지데일 교육 센터에서 장부 정리라는 과정을 개설한다는 소식을 전한 후, 이 장부 정리 기술이 직장인의 능력을 업그레이드시키고 새로운 직장을 찾는 데에도 유용하다고 밝힌다. 따라서 이 글이 전문가를 원하는 사람들을 대상으로 하고 있음을 짐작할 수 있다. 정답은 (B)이다.

14. What is NOT mentioned as a part of the course?

(A) Instruction from an experienced teacher
(B) Knowledge of relevant software
(C) A certificate of completion
(D) Employment assistance

➡ 과정의 일부로 언급되지 않은 것을 묻는 Not True 유형의 문제이다. 사실 확인(Not True) 유형의 문제 풀이 방식을 참조하여 먼저 선지의 키워드를 염두에 두고 지문을 참조한다. 선지를 통해 경험 있는 강사의 교육, 소프트웨어 지식, 수료증, 취업 알선 등의 키워드를 파악할 수 있다. 문맥의 흐름상 광고 내용의 소개에 해당하는 단락을 유심히 살핀다. ❷를 통해 경험 있는 강사의 교육, 소프트웨어에 대한 지식, 그리고 수료증에 대한 내용을 알 수 있지만 취업 알선에 대한 내용은 없으므로 정답은 (D)이다.

당신의 취업 기회를 늘릴 길을 찾고 있습니까?

저희가 도와 드리겠습니다!

리지데일 교육 센터(REC)는 이번 봄 저희가 제공하는 전문가 과정에 장부 정리를 추가하게 되어 기대에 차 있습니다. 장부 정리는 당신의 이력서를 크게 향상시켜줄 다방면으로 쓸모 있고 매우 시장성 있는 기술입니다. 배우기 쉬운 이 기술은 현재 당신의 업무에서 당신을 더 가치 있게 만들거나 다음 직업을 찾는 것을 더 수월하게 해줄 것입니다!

장부 정리 과정은 3월 25일부터 5월 27일까지 진행될 것입니다. 수업은 화요일과 목요일 저녁에 본 교육 센터에서 진행될 것입니다. 이 과정은 5년간의 강의 및 교육 경험을 가진 회계 전문가가 가르치게 됩니다. 학생들은 최신 장부 정리 소프트웨어를 위한 실무 교육을 받고, 습득한 모든 기술의 능력을 증명하는 독립적인 프로젝트를 완수할 것입니다. 과정이 끝나면, 학생들은 교육 센터로부터 수료증을 받을 것입니다.

당신의 경력이 시작되기를 기다리지 마십시오. 스스로 첫걸음을 움직이세요! 교육 센터 회원은 과정 가격에서 10퍼센트 할인을 받을 것이며, 한 과정 이상 등록하는 회원은 15%의 추가 할인을 받을 것입니다.

13. 이 과정은 누구를 위해 만들어진 것인가?

(A) 새로운 직장을 찾는 퇴직자들
(B) 전문가를 꿈꾸는 사람들
(C) 논문을 통과하려는 대학원생들
(D) 성적을 올리기 위한 학생들

14. 다음 중 과정의 일부로서 언급되지 않은 것은?

(A) 경험 있는 강사의 교육
(B) 관련된 소프트웨어 지식
(C) 수료증
(D) 취업 알선

어휘 bookkeeping 장부 정리, 부기 offering 제공, 제안 professional courses 전문가 과정 versatile 다양한 능력을 지닌, 다목적의 marketable 잘 팔리는, 시장성이 있는 enhance 강화하다 valuable 가치 있는 be held 개최되다 hands-on 실제로 해보는, 실무의 instruction 지도, 지시 complete 완수하다, 완료하다 independent project 독립 프로젝트 demonstrate 증명하다 competency 능력, 역량 certificate 증명서, 수료증 a 10% discount off 10% 할인 enroll in ~에 등록하다 additional 부수의, 부가적인 relevant 관련된, 적절한 retiree 퇴직자 thesis 논문

정답 13. (B) 14. (D)

Practice 6 ▶정답 및 해설은 213쪽

Questions 15-16 refer to the following advertisement.

★ Store Closing - Liquidation Sale! ★

We're Closing Our Doors
…All Items 50~75% Off!

After 15 years of business, Johnson's Leather is closing its doors. Our liquidation sale applies to all items currently in our store. Items are individually discounted between 50-75%. Come in and browse our large selection of jackets, coats, gloves, wallets, belts, and much more!

Find us in the Aspen Shopping Center at the corner of Kipling Boulevard and 13th Street in Littleton. Our store is open Monday through Saturday from 10 A.M. to 8 P.M. through the end of the month of March, after which we will no longer be in business.

---

15. What type of business is Johnson's Leather?

(A) A furniture store
(B) A clothing store
(C) A farming supply store
(D) A gardening store

16. Why is the store running the current promotion?

(A) It is opening a new location.
(B) It is revealing a new product line.
(C) It is going out of business.
(D) It is closing for the holiday.

정보(Information)

☑️ 출제 경향

정보(information)는 주로 회의 참가 신청, 회사 행사 또는 제품 설명서나 등록에 대한 내용이 자주 출제된다. 이중 지문과 삼중 지문에선 거의 출제가 되지 않고 있지만 단일 지문에선 1.5회에 1번꼴로 출제되고 있다.

◎ 정보(Information)의 빈출 어휘

정보의 내용은 주로 상업적이나 비상업적 안내문에 대한 내용이 자주 다뤄진다. 따라서 각 분야별로 자주 나오는 어휘들을 먼저 숙지할 필요가 있다.

- **상업적 안내문**
  - **be charged to**   ~에게 부과되다
  - **certificate**   자격증, 수료증, 상품권
  - **expire**   끝나다(= end)
  - **in exchange**   그 대가로, 답례로
  - **manufacturing process**   제조 절차
  - **be in high demand**   수요가 높다
  - **certified dealership**   공인 매장
  - **high season**   성수기
  - **inquiry regarding**   ~에 관한 문의
  - **properly install**   올바르게 설치하다

- **비상업적 안내문**
  - **be selected for**   ~에 대해 선정되다
  - **conduct**   실시하다(= do)
  - **management of this company**   이 회사의 운영
  - **respond to requests**   요청에 응답하다
  - **collaborate with**   ~와 협력하다

- insure 보장하다, 약속하다
- ongoing development 지속적인 개발

- 기타 안내문
  - be mailed out to ~에게 편지로 보내지다
  - human resources 인사과
  - repeat visitor 다시 찾는 방문객
  - business committee 기업위원회
  - identification card 신분증

주요 패러프레이징

정보의 문제에서 제시된 주요 패러프레이징 사례들을 파악해 보도록 하자.

- Those in attendance at the preview will have access to special sales and discounts. 시사회에 참석한 고객에게는 특별 판매 및 할인 혜택이 제공됩니다.
  = Discounts will be given to select customers.
  할인은 선택된 고객들에게 제공될 것이다.

- unparalleled customer satisfaction 탁월한 고객 만족
  = Making customers happy 고객을 행복하게 만들기

- Our mission is to deliver delicious, fresh, and hormone-free farm-fresh milk.
  우리의 사명은 맛있고 신선하고 호르몬이 없는 신선한 농장 우유를 제공하는 것입니다.
  = They provide a staple grocery item. 그들은 필수 식료품 품목을 제공한다.

- wholesome quality products 건강에 유익한 질 좋은 제품
  = Being health conscious 건강을 의식하기

- Those items left behind will be disposed of.
  남겨진 그런 물건들은 처분될 것이다.
  = They will be thrown away. 그것들은 버려질 것이다.

- at a reasonable price 합리적인 가격으로
  = Keeping costs low 가격을 낮게 유지하기

- Get 5 or more garments and take 15% off the total cost.
  5벌 이상의 옷을 구입하면 총액의 15퍼센트를 할인해 드립니다.
  = Discounts are applied to large orders. 할인은 대량 주문에 적용됩니다.

지문의 흐름

정보문은 그 지문의 특성상 대개 '제목 ▶ 서두 ▶ 정보의 핵심 내용 ▶ 세부 사항' 순으로 진행되는 것이 일반적인 흐름이다. 일단 서두를 통해 정보 안내에 대한 개요를 밝힌 후 정보의 핵심 내용과 그에 따른 세부 사항들을 나열하는 과정이 특징이다.

제목	**The best place to lay down your nest**
도입	Are you wondering where to lay down your nest for starting a family? *Money Magazine* has done the searching for you and has the following tips when choosing your final destination.
알림 내용	❶ Columbus, Ohio, has a diverse economy based on education, insurance, banking, fashion, defense, aviation, food, logistics, steel, energy, medical research, and health care. ❷ Columbus is also the number-one place to raise children (2019), and ❸ it is a great city with relatively mild weather year round along with plenty of cultural and entertainment venues to enjoy.
세부 사항	❹ Columbus has a population of around 200,000 people, the average home price is $165,000, and the state tax rate is 7.75%, making it a great locale for those wishing to raise their families on a tight budget. Other areas making it to *Money Magazine*'s list of places to raise children are Hampton, New Hampshire, Louisville, Kentucky, Tucson, Arizona, and Burham, Washington.

위의 지문을 바탕으로 몇 개의 문제를 살펴보도록 하자.

15. What is true about Columbus, Ohio?

(A) It has an extreme climate.
(B) It is a choice location for families.
(C) It is far from modern conveniences.
(D) It is not suitable for raising children.

⇒ 오하이오 주 콜럼버스에 대해 사실인 내용을 묻는 사실 확인(True) 유형이다. Columbus, Ohio라는 특정 문구가 키워드로 등장했으므로 선지의 내용을 숙지할 필요 없이 Columbus, Ohio가 언급된 부분을 찾아 그 주변에서 정보를 얻는다. ❶을 통해 오하이오 주의 콜럼버스가 다양한 분야의 경제 활동이 이루어지는 도시임을 알 수 있으므로 (C)가 오답임을 알 수 있고, ❷를 통해 (D)가 오답임을 확인할 수 있다. 또한 기후가 온화하다는 내용이 담긴 ❸을 통해 (A)가 오답임을 알 수 있다. ❹에서는 인구나 세율 등의 구체적인 수치를 들어가며 빠듯한 예산으로 가족을 부양하는 사람들이 살기에 좋은 도시라고 안내하고 있다. 따라서 ❹를 통해 확인되는 (B)가 정답이다.

16. What is NOT mentioned about Columbus in the information?

(A) Real estate prices
(B) Economic elements
(C) The job market
(D) The climate and weather

⇒ 전반적인 내용을 묻는 사실 확인(Not True) 유형이다. 따라서 선지의 키워드를 먼저 점검하는 것이 효율적이다. 부동산 가격, 경제 요소들, 인력 시장, 기후와 날씨라는 선지의 키워드를 먼저 숙지하고 지문을 검토한다. (A)는 home price가 언급된 ❹에서, (B)는 diverse economy가 언급된 ❶에서, 그리고 (D)는 mild weather가 언급된 ❸을 통해 확인할 수 있지만 (C)는 언급된 부분이 없으므로 정답은 (C)이다.

17. What reflects the typical cost of a residential property?

(A) 165,000
(B) 200,000
(C) 2019
(D) 7.75

⇒ 주택의 일반적인 가격을 반영하는 요소를 묻는 세부 정보 파악 문제이다. 따라서 주택의 가격을 제시한 부분을 찾아본다. 주택의 가격은 ❹에서 언급된 the average home price is $165,000라는 부분을 통해 165,000달러임을 알 수 있다. 따라서 정답은 (A)이다. 참고로 (B)의 200,000은 인구 수, (D)는 세율을 나타낸다. 그리고 (C)는 아이를 키우기 가장 좋은 도시로 선정된 연도로 제시되어 있다.

둥지를 틀기에 가장 좋은 장소

가족을 이루기 위해 어디에 둥지를 틀어야 할지 고민 중이세요? *Money Magazine*은 당신을 위해 검색을 모두 마쳤고, 당신의 최종 목적지를 선택할 때 아래의 조언을 드립니다.

오하이오 주 콜럼버스는 교육, 보험, 은행, 패션, 국방, 항공, 음식, 물류, 철강, 에너지, 의학 연구 그리고 보건을 바탕으로 한 다양한 경제 분야를 보유하고 있습니다. 또한 콜럼버스는 아이들을 기르는 데 최고의 장소이며(2019년), 문화와 여흥을 즐길 수 있는 장소가 많고 상대적으로 연중 온화한 날씨를 지닌 멋진 도시입니다.

콜럼버스에는 약 20만 명의 인구가 살고 있고, 평균 집값은 16만 5천 달러입니다. 주 세율은 7.75퍼센트인데, 적은 돈으로 가족을 부양하길 원하는 사람들에게 좋은 장소입니다. *Money Magazine*의 아이들을 기르기 위한 지역 리스트에 등재된 기타 지역들은 다음과 같습니다. 뉴햄프셔 주 햄튼, 켄터키 주 루이빌, 애리조나 주 투손, 워싱턴 주 버햄.

15. 오하이오 주 콜럼버스에 대해 사실인 것은 무엇인가?

(A) 극한 기후이다.
(B) 가족을 위해 아주 좋은 장소이다.
(C) 현대적 편리함과 거리가 멀다.
(D) 아이들을 기르기에 적합하지 않다.

16. 정보문에서 콜럼버스에 대해 언급되지 않은 것은 무엇인가?

(A) 부동산 가격
(B) 경제 요소들
(C) 인력 시장
(D) 기후와 날씨

17. 주택의 일반적인 가격을 반영하는 것은 무엇인가?

(A) 165,000
(B) 200,000
(C) 2019
(D) 7.75

어휘 lay down your nest 당신의 둥지를 틀다 tip 유용한 정보 final destination 마지막 종착지 diverse economy 다양한 경제 분야 based on ~에 근거한 insurance 보험 defense 국방 aviation 항공 logistics 물류 medical research 의학 연구 health care 보건 raise children 아이들을 키우다 relatively mild weather year round 상대적으로 온화한 연중 날씨 along with ~와 더불어 plenty of 수많은(= a lot of = lots of) cultural and entertainment venue 문화와 여흥을 즐길 수 있는 장소 population 인구 average home price 평균 집값 state tax rate 주(州) 세율 great locale 좋은 장소 on a tight budget 적은 돈으로 make it to the list 리스트에 오르다

정답 15. (B) 16. (C) 17. (A)

Practice 7 ▶ 정답 및 해설은 213쪽

Questions 17-19 refer to the following information.

Complimentary Shuttle Service
Milton Hotel - Dulles

We offer our guests a complimentary shuttle service to and from Dulles International Airport. The shuttle departs the hotel every 45 minutes from 6 A.M. to 10 P.M. and by request at other times. The same shuttle will bring guests to the hotel on a similar schedule, departing from the passenger pickup area from 6:45 A.M. to 10:45 P.M. To request transportation outside these time windows, please call our transportation line at (342) 334-5523.

---

17. What is the topic of the information?

(A) Dulles Airport safety regulations
(B) Getting to and from the Milton Hotel
(C) The Milton Hotel's cancelation policies
(D) The discontinuation of a service

18. Why would a hotel guest call the transportation line?

(A) To get to the airport at 4 A.M.
(B) To obtain directions to the airport
(C) To request shuttle fee rates
(D) To listen to the local weather report

19. What is NOT mentioned in this information?

(A) The complimentary shuttle departs every 45 minutes at the hotel.
(B) After 10 P.M., the shuttle service is not available.
(C) The complimentary shuttle travel between the hotel and Dulles International Airport.
(D) A complimentary shuttle service operates on two routes.

08강

출제 빈도 매회 평균 0.88개

편지(Letter)

✔ 출제 경향

편지(letter)는 그 특성상 이메일과 비슷한 흐름으로 구성되어 있으며, 주로 회의나 모임 소개, 회사가 고객에게 보내는 제품 안내, 광고 캠페인, 제품에 대한 항의, 구직자에 대한 채용 안내, 고객 요청에 대한 답변 등의 내용이 소개된다. 시험에서는 1.5회당 1개꼴로 출제되고 있다.

편지(Letter)의 빈출 어휘

편지의 내용은 회사나 개인끼리 주고받는 내용이 주를 이루며, 간혹 회사와 개인 간의 내용도 등장하고 있다. 따라서 각 분야별로 자주 나오는 어휘들을 먼저 숙지할 필요가 있다.

- **회사 대 회사**
  - **arrange to do** ~할 것을 준비하다
  - **clarify** ~을 명확히 하다
  - **promotion letter** 홍보 서신
  - **as discussed** 논의된 대로
  - **concerning** ~에 관해(= regarding)

- **회사 대 개인**
  - **accommodate one's request** ~의 요청을 수용하다
  - **be notified** 통보를 받다
  - **make a special request** 특별 요청을 하다
  - **publicize** 광고하다
  - **be impressed** 감명을 받다
  - **look forward to V-ing** ~할 것을 학수고대하다
  - **preferred customer** 우수 고객
  - **renovate and restore** 수리 및 복구하다

3장 PART 7 지문 유형별 해결 전략 **163**

- 개인 대 개인
  - be invited to do ~하도록 초대되다
  - hospitality 환대, 접대
  - reserve a seat 좌석을 예약하다
  - be willing to do 기꺼이 ~하다
  - make it to ~에 도착하다
  - RSVP 참가(또는 불참)를 알리다

주요 패러프레이징

편지의 문제에서 제시된 주요 패러프레이징 사례들을 파악해 보도록 하자.

- We own over 100 stores in 42 states.
  우리는 42개 주에 100여 개 이상의 점포를 보유하고 있습니다.

  = It owns a number of stores across the U.S.
  미국 전역에 많은 점포를 가지고 있다.

- a brochure highlighting some of our newest products
  최신 제품 중 일부를 소개하는 팸플릿

  = Information concerning a new line of merchandise
  새로운 상품 라인에 관한 정보

- The free shipping offered to our members is only available in the
  U.S. 회원들에게 제공되는 무료 배송은 미국 내에서만 가능합니다.

  = Most residents of the United States are eligible for free shipping.
  대부분의 미국인들은 무료 배송의 혜택을 얻는다.

- Shipments will incur a shipping fee of $7 per $50 spent.
  배송에는 50달러의 제품 가격당 7달러의 배송비가 붙게 됩니다.

  = Purchases will incur shipping charges. 구매품에는 배송비가 부과된다.

- As a member, you are able to choose any address to send your
  order to. 회원으로서, 당신은 어떤 주소로든 보내실 수 있습니다.

  = Packages can be sent anywhere by the purchaser.
  물품은 구매자가 원하는 어느 곳으로든 보낼 수 있다.

- With over 3 million products in its online store ranging from
  personal care products to electronics and jewelry ~ 개인 위생용품에서
  전자제품과 보석류에 이르기까지, 온라인 상점에 300만점 이상의 제품을 갖추고 있는

  = Offering a myriad of products for sale 무수히 많은 종류의 물건들을 판매하는

- We opened our doors for business over 50 years ago.

우리는 50년 전에 문을 열었습니다.

= It has decades of history.   수십 년의 역사를 가지고 있다.

지문의 흐름

편지는 지문의 특성상 이메일의 내용 흐름과 상당히 유사하다. 즉 '발신자 정보 ▶ 수신자 정보 ▶ 날짜 ▶ 편지의 이유나 목적 ▶ 세부 사항 ▶ 끝인사' 순으로 진행되는 것이 일반적인 흐름이므로 각 문제 유형의 특징을 살펴보고 어느 부분을 탐색해야 할지 미리 파악해 둔다.

보내는 사람의 이름 & 주소	Turner Broadcast Media 270 Century Blvd. Vancouver, BC L6J 2F9
받는 사람의 이름 & 주소	Landall Powers 675 E 7th St. Apt. 445 Vancouver, BC M6E 9B8
보내는 날짜	August 8
호칭	Dear Ms. Powers,
편지의 이유나 목적	I looked into the Internet service problem you explained in ❶ the fax you sent on August 5. ❷ Above all, I would like to take this opportunity to apologize for any inconvenience this has caused you.
세부 사항	We are making every attempt to fix this problem. ❸ At your request, I have scheduled a service representative to visit your home on August 11. Turner Broadcast Media wants to ensure that you are completely satisfied with our service and would like to offer you two months of Internet service for free to make up for any problems this may have caused you personally or financially.
추가 정보 및 요청 사항	If you have any comments or questions, you can contact me at (818) 555-9811.

끝인사	Sincerely,
보내는 사람의 이름	Don Waterson

위의 지문을 바탕으로 몇 개의 문제를 살펴보도록 하자.

18. What is the purpose of the letter?

A) To request payment
(B) To apologize to a customer
(C) To cancel a previous service
(D) To provide a new Internet service

➡ 편지의 의도와 목적은 대개 지문의 초반부에 등장한다. 따라서 호칭 이후 나온 지문의 앞부분에 집중한다. 발신자인 워터슨 씨가 ❷에서 would like to라는 표현을 통해 사과의 말씀을 드리고 싶다는 점을 나타내고 있다. 결국 고객의 불편함에 대해 사과를 하려는 목적임을 알 수 있으므로 정답은 (B)이다.

19. When did Ms. Powers contact Mr. Waterson?

A) On August 5
(B) On August 8
(C) On August 11
(D) On August 22

➡ 파워스 씨가 워터슨 씨와 연락한 시점을 묻고 있는 세부 정보 문제이다. 따라서 지문에서 시점이 제시된 부분을 탐색한다. 시점에 관한 표현은 지문 초반부의 August 5와 지문 중반부의 August 11이 눈에 띈다. 하지만 ❶을 통해 August 5가 파워스 씨가 워터슨 씨에게 연락한 시점임을 알 수 있다. 따라서 정답은 (A)이다.

20. What is indicated about Ms. Powers?

(A) She has requested some repairs.
(B) She works from home.
(C) She works for Turner Broadcast Media.
(D) She has a problem with her fax machine.

파워스 씨에 대해 언급된 것을 묻고 있는 사실 확인(True) 문제이다. 따라서 선지의 키워드를 먼저 숙지한 후 지문에서 파워스 씨와 관련된 내용들을 죽 훑어본다. ❸을 통해 파워스 씨가 수리 서비스를 요청했다는 사실을 알 수 있으며, 나머지 선지의 내용은 확인할 수 없다. 따라서 정답은 (A)이다.

해석

터너 브로드캐스트 미디어
센추리 가 270
브리티시 컬럼비아 L6J 2F9 밴쿠버

랜덜 파워스
E 7번가 675 아파트 445호
브리티시 컬럼비아 M6E 9B8 밴쿠버

8월 8일

파워스 씨께,

8월 5일에 보내주신 팩스에 언급하셨던 인터넷 서비스 문제를 검토하였습니다. 무엇보다도, 이 문제로 인해 불편을 끼쳐드린 점에 대해 사과의 말씀을 드리고 싶습니다.

저희는 이 문제를 시정하려 모든 노력을 기울이고 있습니다. 고객님의 요청에 따라, 8월 11일에 서비스 직원이 귀댁을 방문하도록 일정을 잡아놓았습니다.
터너 브로드캐스트 미디어는 고객님께서 저희 서비스에 완벽히 만족하시기를 원하며, 이 문제가 고객님께 개인적으로나 금전적으로 끼쳐드렸을 피해를 보상하고자 2개월 무료 인터넷 서비스를 제공하려 합니다.

어떠한 의견이나 질문이 있으시면, (818) 555-9811로 제게 전화주세요.

감사합니다.

돈 워터슨

18. 편지의 목적은 무엇인가?

(A) 요금 납입을 요청하기 위해서
(B) 고객에게 사과하기 위해서
(C) 이전의 서비스를 해지하기 위해서
(D) 새로운 인터넷 서비스를 제공하기 위해서

19. 파워스 씨가 워터슨 씨에게 연락한 것은 언제인가?

(A) 8월 5일
(B) 8월 8일
(C) 8월 11일
(D) 8월 22일

20. 파워스 씨에 대해 언급된 것은 무엇인가?

(A) 수리 서비스를 요청했다.
(B) 재택 근무를 한다.
(C) 터너 브로드캐스트 미디어에서 근무한다.
(D) 팩스기에 문제가 있다.

어휘 inconvenience 불편 make every attempt 모든 시도를 하다 fix 수리하다, 고치다 at one's request ~의 요청에 따라 make up for ~을 보상하다

정답 18. (B) 19. (A) 20. (A)

Practice 8 ▶ 정답 및 해설은 214쪽

Questions 20-22 refer to the following letter.

Adios Enterprises
335 Corporate Way
Chicago, IL 55234

February 20

Dear valued customers,

We are writing to inform you of a change in the address for our company headquarters and manufacturing plant. Currently, our headquarters and plant are both located in Chicago, IL. Due to an increase in business and property taxes in the state of Illinois, we have decided it would be best for us to relocate to a different area. Our headquarters will soon be located in St. Louis, MO, while our manufacturing plant will be relocating to Kansas City, MO.

All phone and fax numbers as well as our company Web site and e-mail addresses will remain the same. The only change will be to our physical addresses (found on the attached form). Please be sure to send all correspondence to these new locations starting April 1. We are not paying for a mail forwarding service, so all letters sent to our old address after this date will be returned to you as undeliverable.

If you have any questions or concerns, please feel free to contact us at (925) 144-3345.

Sincerely,

Bob Winters
CEO, Adios Enterprises

20. For whom is the letter intended?

(A) All of the company's customers
(B) People who live in Missouri
(C) The owners of the company
(D) All new employees

21. What is included with the letter?

(A) A new employee list
(B) New location information
(C) A new Web site address
(D) Mr. Winters' business card

22. What is the reason for the relocation detailed in the letter?

(A) Costs have been rising at the current location.
(B) The company's manufacturing sector needs more space.
(C) The company has had a dramatic decline in business.
(D) The change is solely for personal reasons.

회람(Memo)

✅ 출제 경향

회람(memo)은 회사 또는 어떤 단체에서 정보를 알리기 위해 작성된 글이며, 그 지문의 특성상 글의 의도나 목적이 지문의 앞부분에 등장한다. 주로 회사 내에서의 공지 사항 및 새로운 정보를 알리기 위해 작성된 문서이기 때문에 대외적인 내용과는 무관한 글이다. 신토익에서는 평균 1.5회에 1번꼴로 출제가 되고 있다.

◦ 회람(Memo)의 빈출 어휘

회람의 내용은 회사의 일정이나 행사를 알리는 내용이 주를 이루고 있으며, 이외에도 공사 및 인사 변경에 대한 공지 등이 간혹 다뤄지고 있다.

▪ **회사 일정 / 행사 소개 및 변경**

- **allot** 배분; 할당하다(= assign = allocate)
- **Attached to this memo you will find**
  이 회람에 첨부된 것에서 ~을 찾아볼 수 있을 것이다
- **flight reservations** 비행편 예약
- **merge** 합치다(= combine)
- **annual fundraising event** 연례 기금모금 행사
- **itinerary** 일정표(= schedule)
- **no changes can be made to** ~에 변화는 없다
- **on a first-come, first-served basis** 선착순으로

▪ **회사 공사 및 네트워크**

- **as of** (날짜) ~부로
- **do not hesitate to do** 주저하지 말고 ~하다
- **Please note that** ~에 유의하세요
- **be directed to** ~에게 보내지다(= be sent to)
- **finalize the deal** 거래를 마무리하다

- 회사 인사 변경 및 기타
  - **approval of your supervisor**   부서장의 승인
  - **corresponding**   최적의(= matching), 부합하는
  - **expertise in**   ~에 있어서의 전문성(= know-how)
  - **be pleased to do**   ~하게 되어 기쁘다
  - **desired outcome**   원하는 결과
  - **inform A of B**   A에게 B에 대해 알리다

주요 패러프레이징

- We sell bedroom sets, mattresses, and decor items.
  우리는 침실 세트, 매트리스, 그리고 장식용 물건들을 판매합니다.

  = It does not just sell bedroom furniture.   침실용 가구만 판매하는 것은 아니다.

- All vending machine proceeds will now go to underprivileged children.   모든 자판기 수익금은 저소득층 아이들에게 전해집니다.

  = They benefit poor students.   가난한 학생들에게 혜택을 준다.

- An old colleague of mine contacted me a while back to discuss what he thought was a great opportunity for me.
  얼마 전 저의 오랜 동료가 그가 생각한 것이 저에게 얼마나 큰 기회인지에 대해 논의하기 위해 제게 연락했습니다.

  = She got a job offer from a former associate.
  이전 동료에게서 일자리 제안을 받았다.

- Jared called three times this week to see if we had had a chance to read the draft.
  자레드는 우리가 초안을 읽어볼 기회가 있었는지 알아보기 위해 이번 주에만 세 번을 전화했습니다.

  = He was very persistent.   그는 매우 끈질겼다.

- We will donate over 3 acres of land to the community.
  우리는 지역 사회에 3에이커가 넘는 부지를 기부할 것입니다.

  = It is giving property to the community.
  그곳은 지역 사회에 부지를 기부하려 한다.

- My secretary will be studying abroad from August through December.   내 비서는 8월에서 12월까지 해외에서 공부할 것입니다.

  = She will be temporarily living overseas.
  그녀는 잠시 해외에서 거주할 것이다.

- Highest value of sales　최고의 판매액
  = The transaction with the highest cost　가장 높은 가격의 거래

지문의 흐름

회람의 목적은 주로 지문 앞부분에, 요청 사항은 대개 지문의 마지막 부분에 위치한다. 대략적인 회람의 흐름은 '수신자 ▶ 발신자 ▶ 주제 ▶ 날짜 ▶ 글의 목적 ▶ 세부 사항 ▶ 요청 및 당부 사항 ▶ 끝인사 및 보내는 사람의 이름' 등의 순서로 전개된다.

	MEMORANDOM
수신자	To: Sharon Wells
발신자	From: Katie Williams
주제	Subject: Upcoming Presentation
날짜	Date: Tuesday, June 18
호칭	Dear Sharon,
글의 목적	I merged our two files and finalized our presentation for next Friday. However, once I put it all together, I realized it's going to run longer than the 10 minutes we've been allotted by the leadership of DarkSite. ❶ Can you take a look at it and see what you think we can cut out?
세부 사항	While you're reviewing it, please also look for consistency in our message and desired outcome. You've done several of these before, so I am looking to you for your expertise in this area.
요청 및 당부 사항	I've cleared my calendar for 2-4 P.M. tomorrow to go over this with you, ❷ so please try to get any edits done by then.
끝인사	Thanks,
보내는 사람의 이름	Katie

위의 지문을 바탕으로 몇 개의 문제를 살펴보도록 하자.

21. What is the purpose of the memo?

(A) To chastise Sharon for making mistakes
(B) To propose a change in the presentation topic
(C) To cancel a scheduled meeting
(D) To ask for assistance with a project

➡ 회람의 의도를 묻고 있다. 따라서 지문 초반부에 집중한다. ❶의 Can you ~?의 표현을 통해 발신자가 어떤 내용을 요청하는지 드러나고 있다. 따라서 이 부분의 글이 궁극적인 목적을 나타내는 부분이다. 따라서 정답은 (D)이다.

22. What does Katie request that Sharon do?

(A) Write a market strategy report by Friday
(B) Complete work in time for a meeting
(C) Schedule an appointment with DarkSite
(D) Send her details about DarkSite's leadership

➡ 케이티의 요청 사항을 묻는 문제이다. 따라서 지문 후반부에 요청을 나타내는 표현들을 먼저 찾아본다. ❷의 please ~의 표현을 통해 일정을 지켜 편집을 마무리해 달라는 요청을 하고 있음을 알 수 있다. 따라서 정답은 (B)이다.

해석

회람

수신: 샤론 웰스
발신: 케이티 윌리엄스
제목: 다가올 발표
날짜: 6월 18일 화요일

샤론에게,

내가 두 개의 파일을 합쳐 다음 금요일의 발표에 대한 마무리를 했습니다. 그러나 모든 것을 다 취합하자마자 그것이 다크 사이트의 경영진에 의해 우리에게 할당된 10분보다 더 오랜 시간이 소요될 것임을 알게 되었습니다. 한 번 보시고 어디를 줄여야 할지 봐주시겠어요?

검토하시면서, 우리의 메시지와 원하는 결과 등에 일관성이 있는지도 봐주시기 바랍니다. 당신은 이런 일을 전에도 여러 번 해본 적이 있는 걸로 알고 있습니다. 그래서 저는 이 분야에 대한 당신의 전문성을 믿고 당신에게 맡기렵니다.

이 일을 당신과 검토하기 위해 내일 오후 2~4시 사이에 일정을 비워두었습니다. 그러니 그때까지 모든 편집을 마무리해 주시기 바랍니다.

고맙습니다.

케이티

21. 회람의 목적은 무엇인가?

(A) 실수한 것에 대해 샤론을 꾸짖는 것
(B) 발표 주제의 변경을 제안하는 것
(C) 예정된 회의를 취소하는 것
(D) 프로젝트에 대한 지원을 요청하는 것

22. 케이티는 샤론이 무엇을 할 것을 요청하는가?

(A) 금요일까지 시장 전략 보고서를 작성할 것
(B) 회의 시간에 맞춰 일을 마무리할 것
(C) 다크사이트와 일정을 잡을 것
(D) 다크사이트의 경영진에 대한 세부 사항을 보낼 것

정답　21. (D)　22. (B)

Practice 9 ▶ 정답 및 해설은 215쪽

Questions 23–25 refer to the following memo.

To: All Sales Associates
From: Kenzie Matthews, Sales Manager
Date: February 12

We will be taking part in the National Career Fair to be held in London on March 4-7 this year. We are looking for 3 members of our sales team to be representatives at the Premier Paper booth during this time. Each year, we end up hiring several candidates we meet at this career fair, so it is of the utmost importance to the company. As a representative at the booth, you will work in 4-hour shifts. For each shift, there will be a representative from Sales, Marketing, and upper management present. You should be ready to answer questions concerning:

- the pay scale (especially sales commissions)
- travel schedules
- the workload
- the Premier Paper brand

We know that leaving your workload and family for 4 days can be tough, so we are offering an incentive to those who represent Premier Paper at this event: we will grant an extra 3 vacation days to those sales associates who attend the fair. Should you decide to put your name in for consideration, please e-mail me at kmatthews@premierpaper.com.

23. For whom is the memo intended?

(A) Members of a college board
(B) Presenters at an upcoming sales meeting
(C) Paid interns
(D) Employees in a certain department

24. What is a benefit for participating in this event?

(A) A pay increase
(B) An end-of-the-quarter bonus
(C) Additional paid time off
(D) Several reduced workdays

25. What is NOT mentioned about the event?

(A) The location
(B) The dates it will be held
(C) The participating companies
(D) The duties of the participants

출제 빈도 매회 평균 **2세트 10문제**

이중 지문
(Double Passages)

☑️ 출제 경향

이중 지문은 서로 연관성이 있는 두 개의 지문이 제시되며, 시험에서는 총 두 세트, 세트 당 5문제씩 출제된다. 이 중 앞부분의 2~3문제는 단일 지문과 같은 방식으로 어느 하나의 지문과 관련된 내용을 묻는 문제로 출제가 되지만 나머지 1~2문제는 두 지문을 다 참조해야 하는 연계 문제로 출제되는 경향을 보이고 있다.

☀️ 이렇게 해결해요!

일단 연계 문제를 제외한 앞부분 3~4문제는 주로 지문의 순서에 따라 배치되므로, 문제의 순서와 지문의 순서를 비슷하게 따라 해석해 나가는 것이 이중 지문 풀이 해법의 기본적 요령이다.

STEP 1 | 앞부분 1~2문제의 유형과 키워드를 파악한다.

먼저 앞부분 1~2문제에서 물어보고자 하는 핵심 키워드를 파악해야 한다. 이때 문제의 선지까지는 참조할 필요가 없다.

23. What is an argument against the FloorMart plan?
   플로어마트 계획에 반대하는 주장은 무엇인가?

24. What is an argument for the FloorMart plan?
   플로어마트 계획에 찬성하는 주장은 무엇인가?

➡️ 플로어마트 계획에 각각 반대하는 주장과 찬성하는 주장에 대해 묻고 있다. 일단 이렇게 먼저 문제의 키워드만 숙지한다.

STEP 2 | 첫 번째 지문을 보며 앞부분 1~2문제의 키워드와 관련된 내용을 찾는다.

첫 번째 지문의 제목부터 마지막 부분까지 죽 스캐닝을 하며 문제의 키워드와 관련된 내용을 찾는다. 첫 번째 문제는 플로어마트 계획에 반대하는 내용을, 두 번째 문제는 플로어마트 계획에 찬성하는 내용을 중심으로 찾아본다.

Request for building permit by FloorMart

Portland (January 9) – A controversial debate regarding a building permit request was held during today's city council meeting. Retail giant Floor Mart put in a request for a building permit, which has spurred citizens, business owners, and council members to voice their opinions on the matter.

Proponents of the building have cited the number of jobs the retailer would bring to the community. "❶ According to FloorMart, the center will hire over 500 Portland residents to man its store within 3 months of opening," explained city planner Alan Potter.

Those against the building have been appealing to small store owners and their customers. "❷ On average, 30 businesses shut their doors forever within a year of FloorMart entering their city," stated city council member Morgan Strut.

➡ ❶을 통해 500명이 넘는 주민들의 고용 효과가 있을 것이라는 주장이 제시되어 있다. 그리고 ❷를 통해 플로어마트에 의해 평균 30개의 다른 점포들이 폐업할 것이라는 주장을 파악할 수 있다.

STEP 3 ┃ 선지와 각각 대조하며 문제를 푼다.

23. (A) It will not open on time.   제때에 개점하지 못할 것이다.

    (B) It is owned by foreigners.   외국인들이 소유하고 있다.

    (C) It might drive out local businesses.   현지 업체들을 몰아내게 될 것이다.

    (D) It has questionable business practices.   의심스런 사업 관행이 있다.

➡ ❷를 통해 플로어마트가 들어오면 일정 숫자의 소규모 업체들이 영구 폐업을 하게 된다는 주장을 알 수 있으므로 (C)가 일치한다. 지문의 30 businesses shut their doors가 (C) It might drive out local businesses.로 패러프레이징되어 있다.

정답 (C)

24. (A) It will improve the employment rate. 그것은 취업률을 개선할 것이다.

   (B) On average, 30 businesses will open. 평균적으로, 30개 업체가 문을 열 것이다.

   (C) It promises to pay above minimum wage.
   그것은 최저 임금 이상을 지불할 것을 약속한다.

   (D) It will make shopping more convenient. 그것은 쇼핑 편의를 증진시킬 것이다.

➊을 통해 플로어마트가 들어오면 포틀랜드 주민 500명 이상의 고용 효과가 있다는 주장을 알수 있으므로 (A)가 일치한다. 지문의 the center will hire over 500 Portland residents가 선지에서 It will improve the employment rate.로 패러프레이징되어 있다.

정답 (A)

STEP 4 | 나머지 뒷부분 1~2문제의 유형과 키워드를 파악한다.

앞부분 문제와 마찬가지로 뒷부분 1~2문제에서 물어보고자 하는 핵심 키워드를 파악한다. 이때에도 선지까지 읽어둘 필요는 없다.

25. What is the purpose of the e-mail? 이메일의 목적은 무엇인가?

26. What does Ms. Grant request? 그랜트 씨는 무엇을 요청하는가?

이메일의 목적과 그랜트 씨가 요청한 사항에 대해 묻고 있다. 목적은 주로 지문 초반부에, 요청사항은 지문 후반부에 등장하므로 이 부분을 중심으로 지문을 살펴본다.

STEP 5 | 두 번째 지문을 보며 뒷부분 1~2문제의 키워드와 관련된 내용을 찾는다.

두 번째 지문의 제목부터 마지막 부분까지 죽 스캐닝을 하며 문제의 키워드와 관련된 내용을 찾는다.

From: Jennifer Grant <Jgrant@kiston.com>
To: Keith
Subject: compliance with the opening day

➌ Despite several setbacks, we were able to meet our contracted opening day for the Portland FloorMart Store #4414 opening: April 20.

According to the contract between my firm, KeyStone Construction, and FloorMart, we will receive a 10% bonus for meeting this opening date.

➍ Please remit the agreed-upon amount to KeyStone Construction via cashier's check by April 21.

Thank you,

Jennifer Grant

➡️ **❸**을 통해 여러 방해 요인에도 불구하고 계약한 대로 개점일을 지킬 수 있게 되었다는 사실을 알리고 있다. 또한 **❹**를 통해 그랜트 씨가 합의된 금액의 송금을 요청하고 있음을 알 수 있다.

STEP 6 │ 선지와 각각 대조하며 문제를 푼다.

25. (A) To make an inquiry   문의하려는 것

  (B) To announce a setback   방해 요인을 알리려는 것

  (C) To provide an update   최신 정보를 제공하려는 것

  (D) To request personal information   개인 정보를 요청하려는 것

➡️ **❸**을 통해 전체 내용의 요지는 개점일을 지킬 수 있게 되었다는 것인데, 수신자에게 새로운 정보를 전달하고 있으므로 update가 들어 있는 (C)가 정답이다.

정답   (C)

26. (A) A payment   지불

  (B) Contact information   연락 정보

  (C) An opening date   개점일

  (D) More time   더 많은 시간

➡️ **❹**를 통해 그랜트 씨가 합의된 금액의 송금을 원하고 있으므로 (A)가 적합하다.

정답   (A)

STEP 7 │ 연계 문제의 핵심 단서를 파악한다.

이제 나머지 1~2문제는 연계 문제로 꼭 출제가 된다. 앞선 문제들과 마찬가지로 일단 연계 문제의 핵심 키워드를 파악한다.

27. **When will 500 people most likely be working at FloorMart?**
    500명의 주민들은 언제 플로어마트에서 일하게 되겠는가?

➡️ 500명의 주민들이 플로어마트에서 일하는 시점을 묻고 있다.

STEP 8 | 두 개의 지문을 번갈아 참조하며 정답의 단서를 찾는다.

일단 앞선 3~4문제를 풀면서 어느 정도 두 지문의 내용의 흐름은 이해했기 때문에 그 정보들을 기억하며 연계 문제의 정답의 단서를 찾아나간다. 우선 첫 지문에서 플로어마트와 관련된 표현을 찾는다. 두 번째 단락에 있는 ❶에서 개점 후 3개월 이내에 500명 이상의 지역 주민들을 고용할 수 있을 것이라 하고 있다. 또한 이와 관련된 두 번째 지문의 첫 문장인 ❸에서 4월 20일에 개점한 다고 알리고 있다.

STEP 9 | 선지를 참조하며 연계 문제를 해결한다.

27. (A) March   3월

(B) April   4월

(C) June   6월

(D) July   7월

❶과 ❸을 통해 추산하면 정답은 (D)가 된다.

정답   (D)

해석

문제 23-27번은 다음의 지역 신문 기사와 이메일을 참조하시오.

플로어마트의 건축 허가 요청

포틀랜드 (1월 9일) – 건축 허가 요청에 관한 논쟁적인 토론이 오늘 시 의회 회의 도중 열렸다. 대형 소매업체인 플로어마트가 건축 허가를 요청함에 따라, 시민들, 기업주들, 그리고 시 의회 의원들이 앞다퉈 이 문제를 놓고 각자의 의견을 내놓게 되었다.

건축에 찬성하는 사람들은 그 소매업체가 지역사회에 가져올 일자리 수를 인용했다. "플로어마트에 따르면, 그 센터는 오픈 3개월 내에 상점에 인원을 배치하기 위하여 500명이 넘는 포틀랜드 주민들을 고용할 것입니다." 도시계획가인 앨런 포터는 이렇게 설명했다.

건축에 반대하는 사람들은 소규모 점주들과 그들의 고객들에게 호소하고 있다. "플로어마트가 도시에 들어온 지 1년 이내에 평균 30개의 점포들이 영구 폐업합니다." 시 의회 의원인 모건 스트럿은 이렇게 말했다.

이 문제를 해결하기 위한 최종 투표가 1월 20일에 실시될 것이다.

발신: 제니퍼 그랜트 <Jgrant@kiston.com>
수신: 키스
주제: 개점일 준수

몇 가지 방해 요인들에도 불구하고, 우리는 포틀랜드 플로어마트 4414호점 개점에 대한 우리의 계약된 개점일인 4월 20일을 지킬 수 있게 되었습니다.

제 회사인 키스톤 건설과 플로어마트 사이의 계약에 따르면, 우리는 이 개점일을 지킨 것에 대해 10퍼센트의 보너스를 받게 됩니다.

4월 21일까지 자기앞수표로 키스톤 건축 앞으로 합의된 액수를 송금해 주시기 바랍니다.

감사합니다,

제니퍼 그랜트

어휘   controversial 논란이 많은, 논쟁의 여지가 있는 debate 논쟁, 토론 spur 자극, 원동력; 자극하다 council 의회 proponent 지지자 retailer 소매업자 resident 거주민 settle 해결하다 compliance 준수, 따름 setback 차질 contract 계약; 계약하다 remit A to B A를 B에게 송금하다 agreed-upon amount 합의된 금액[액수] via ~을 경유하여, ~을 통하여

Practice 10   ▶ 정답 및 해설은 216쪽

Questions 26-30 refer to the following information and e-mail.

Speech Masters

Over the past 50 years, Speech Masters has helped millions of professional men and women become more confident delivering speeches in front of audiences. Our network of clubs and their learn-by-doing program are sure to help you become a better speaker and leader. It's inexpensive, and it's fun!

Arvada Speakeasy meets every Tuesday from 6:30 P.M. to 8:00 P.M. in Conference Room C at the Milton Hotel. Visitors and guests are always welcome. On your first visit, please be sure to pick up an information packet that will instruct you on how to become a member of Speech Masters.

Here is a list of our upcoming meeting dates and topics of conversation:

March 3 – Crafting an attention-grabbing opening line

April 4 – Choosing the correct tone for your intended audience

May 8 – Dealing with nerves

June 2 – Crafting a clever and thought-provoking final statement

July 1 – Using statistical data in an effective manner

Contact Jason Stout at 336-2225 or jstout@coldmail.com for more information.

To: Jason Stout <jstout@coldmail.com>

From: Derrick Shaw <dshaw@coldmail.com>

Date: April 23

Subject: Speech Masters

Dear Dr. Stout,

I learned about your Speech Masters group from my employer. I have recently been promoted to project manager and am now required to give several presentations a month. Unfortunately, I suffer from near-crippling stage fright.

I would like to join Speech Masters so that I can work on this and other issues. Could you please send me all of the relative information?

Sincerely,

Derrick Shaw

26. What does Speech Masters do?

(A) Teaches students to give presentations
(B) Helps working adults with public speaking
(C) Organizes professional networking events
(D) Coordinates speech competitions

27. Which seminar will discuss using facts and figures?

(A) April 4
(B) May 8
(C) June 2
(D) July 1

28. Which seminar would Mr. Shaw probably benefit from?

(A) Crafting an attention-grabbing opening line
(B) Choosing the correct tone for your intended audience
(C) Dealing with nerves
(D) Crafting a clever and thought-provoking final statement

29. Why does Mr. Shaw contact Mr. Stout?

(A) For membership information
(B) For promotional information
(C) For meeting information
(D) To invite him to a seminar

30. In the e-mail, the word "relative" in paragraph 2, line 2, is closest in meaning to

(A) associated
(B) communicated
(C) debated
(D) protected

11강

삼중 지문
(Triple Passages)

☑️ 출제 경향

삼중 지문은 신유형 도입 이후 새롭게 등장한 지문 유형으로, 토익의 전체 200문제 중 가장 난도가 높고, 수험생들이 애를 먹는 분야이기도 하다. 하지만 세 개의 지문이 제시되다보니, 삼중 지문 중 한 개는 송장, 허가증, 주문서 등처럼 간단한 서식이나 짧은 편지, 혹은 이메일과 같은 지문의 형태로 출제되므로 사실상 이중 지문 이상의 분량이 주어지지는 않는 편이다. 따라서 처음부터 이중 지문 정도의 분량을 대한다는 마음가짐으로 문제 풀이에 임한다면 훨씬 더 마음이 가벼워질 것이다.

🚩 문제 풀이 전략

1지문당 5개의 문제가 출제되며, 총 3지문에 15문제가 출제되기 때문에 그 비중이 결코 만만치 않다. 따라서 지문을 대할 때부터 최대한 효율성을 극대화할 수 있는 문제 풀이 전략을 염두에 두고 문제에 임하도록 하자.

(1) 각 번호대마다 시간 배분에 유의해야 한다

삼중 지문은 186번부터 200번에 배당되어 있다. 총 15문제를 마킹 시간 포함하여 약 17분 안에 해결하는 것이 가장 이상적이다. 즉 다시 말해서 삼중 지문을 풀기 시작한 후 17분 정도가 흐르면 설사 그때까지 다 못 풀었다 하더라도 미련을 버리고 다른 유형으로 넘어가야만 한다. 삼중 지문에서 예정된 시간보다 많은 시간을 소모한다면 상대적으로 쉬운 문제들을 놓치게 되는 상황이 발생할 수도 있기 때문에 각별히 시간 배분에 유의하도록 한다.

(2) 5개 문제 중 연계 문제는 최소 2문제이다

삼중 지문에서는 1지문당 총 5개의 문제가 출제되는데, 이 중 두 개의 지문을 참조해야 풀리는 연계 문제가 최소 2문제 이상 출제된다. 대체로 5문제 중 2번과 4

번 내지 3번과 5번의 연계 문제 출제율이 높은 편이고, 연계 문제와 관련된 지문 배치는 1+2, 2+3, 1+3 형태가 가장 많다.

(3) 지문 간의 관계 파악이 중요하다

일단 삼중 지문을 대할 때 지문의 종류부터 파악한다.

ex) 고객 주문서 – 이메일 – 편지

만약 위와 같이 지문의 종류를 먼저 파악한다면 종류의 성격만 보고도 대략 어떤 흐름인지를 유추할 수가 있다. 위의 상황이라면 고객이 주문서를 썼고, 업체에서 고객에게 그 주문서에 대해 이메일을 보냈는데, 그 이메일을 본 고객이 다시 업체에 편지를 보낸 흐름이라는 점을 파악할 수 있다.

(4) 5문제의 풀이 순서를 익힌다

삼중 지문에서도 다양한 문제 유형이 등장하게 된다. 가장 빠른 문제 풀이를 위해서는 대략 아래와 같은 풀이 순서를 권한다.

1. 동의어 문제 → 2. 세부 사항 문제 → 3. 추론 문제 → 4. 주제 문제 → 5. 연계 문제

그리고 일단 문제 5개를 한꺼번에 전부 파악하는 것은 어려우므로 앞부분 1 ~ 2 문제의 키워드만 먼저 기억한 후 첫 번째 지문 초반부로 가서 답의 위치 생각하고 차례대로 풀이해 나간다.

● 풀이 순서
- 지문 1과 2를 먼저 스캐닝한다. (문제를 먼저 보지 않는다)
- 문제 1번과 2번을 보고 먼저 푼다.
- 지문 3을 스캐닝한다.
- 문제 3, 4, 5번을 이어서 푼다.

Questions 28-32 refer to the following e-mail, notice, and order form.

From: Anthony Parker <aparker@redriverfarm.com>
To: Cleo Hwang <chwang@bellagrocery.com>
Subject: About your trucking company
Date: Date: May 10

Dear Mr. Hwang,

I'm very glad that you approved the purchase of a wide variety of our fresh vegetables and crops grown on my thirty acre farm. I can assure you of the quality of our produce and your grocery store customers will be very happy with our best produce.

❶ Your company is in an area that is totally new to our farm. I'm really looking forward to doing business with you and entering a new market in Boston. ❷ However, our farm is based in Cambridge so I cannot deliver our produce to Boston. If you have a preferred trucking service, I would be very glad to work with a trucking company you want to keep the service for you as smooth as possible.

I sincerely appreciate your business and will wait for your next correspondence.

Truly yours,

Anthony Parker
Red River Farm

BELLA GROCERY STORE

FRESHEST PRODUCE FROM RED RIVER FARM IN OHIO!

May 12

Dear valued customers,

❸ We are very pleased to announce that the freshest produce in Ohio will be provided to you next week. High-quality fruits and vegetables from Red River Farm in Cambridge have been harvested and will be sold here at Bella Grocery Store. Red River Farm is one of the leading agricultural companies in the United States.

❹

• Tomatoes
• Soybeans
• Rice
• Potatoes
• Yellow Corn
• White Onions
• Fresh Herbs (basil, thyme and oregano)

We will carry fruits and vegetables from Salem Farm located in Plymouth Rock, Massachusetts in the upcoming fall. If you have any further questions, please contact us at 857-3239.

Red River Farm Order Form

Order Number: #490911
Customer: Bella Grocery Store
Order Date: May x10
Delivery Date: May 17

Details:

❺

• Tomatoes – 2,700 KG

- Soybeans – 1,200 KG
- Rice – 3,000 KG
- Potatoes – 1,500 KG
- Yellow Corn – 3,200 KG
- White Onions – 1,500 KG
- Cabbage – 1,800 KG
- Radish – 2,700 KG

TOTAL AMOUNT: $38,233.35

* Instead of fresh herbs, please send us cabbage and radish.

Preferred Shipping Company: American Trucking Service / 1-877-723-4223

❻ * American Trucking Company has been our partner trucking company for the last five years. They are in charge of transporting agricultural goods from other regions to our store.

Name: Lea Thompson, Produce Manager

Signature: *Lea Thompson*

---

28. Why did Mr. Parker send the e-mail to Ms. Hwang?

(A) To complain about poor service
(B) To ask for further information
(C) To request a delivery estimate
(D) To advertise some newly released products

➡ 이메일을 보낸 의도를 묻고 있으므로 첫 번째 지문에 주목한다. 이메일의 두 번째 단락 후반 ❷ 에서 보스턴까지 농산물을 운송하는 것이 불가함을 밝히고 있으며, 이어서 벨라 청과점에서 선호 하는 운송 회사가 있으면 그 회사와 협업하여 최대한 무리 없이 농산물을 제공할 수 있도록 할 것 이라 언급하고 있으므로 이를 통해 벨라 청과점에서 이용하고자 하는 운송 회사에 대한 정보를 얻기 위해 이메일을 발송했다는 점을 알 수 있다. 그러므로 정답은 (B) To ask for further information이다.

정답 (B)

29. Where most likely is Bella Grocery Store located?

(A) In Boston
(B) In Red River
(C) In Cambridge
(D) In Plymouth Rock

🔊 벨라 청과점이 위치한 곳을 묻는 세부 정보 문제이다. 뒤이은 공지문과 주문서를 통해 벨라 청과점과 레드 리버 농장 사이에 농산물 거래가 이뤄지고 있음을 알 수 있다. 아울러 이메일 두 번째 단락 초반 ❶에서 벨라 청과물이 있는 지역이 굉장히 생소한 지역임을 밝히고 있으며, 이어서 I'm really looking forward to doing business with you and entering a new market in Boston.이라며 벨라 청과점과의 거래를 통해 보스턴 지역 시장에 진입하고자 하는 의사를 언급하고 있다. 따라서 이를 통해 벨라 청과점은 보스턴 지역에 있음을 유추할 수 있으므로 정답은 (A) In Boston이다.

정답 (A)

30. In the notice, what is indicated about Red River Farm's products?

(A) They are organically grown.
(B) They have higher quality than that of other regions.
(C) They will be discounted for a limited time only.
(D) They are grown relatively near Bella Grocery Store.

🔊 공지문에서 레드 리버 농장에서 생산되는 농산물에 대해 언급된 내용을 묻고 있는 사실 확인(True) 문제이다. 따라서 선지의 키워드를 미리 숙지한 후, 공지문에서 관련 정보들을 탐색한다. 공지문 초반 ❸에서 다음주에 오하이오에서 가장 신선한 농산물을 고객님께 제공할 수 있게 되어 기쁘다는 내용을 언급하고 있다. 따라서 이를 토대로 레드 리버 농장의 제품은 미국 국내 다른 지역의 농산물보다 더 좋은 품질을 지니고 있음을 알 수 있으므로 정답은 (B) They have higher quality than that of other regions.이다.

정답 (B)

31. What will Bella Grocery Store probably NOT receive on May 17?

(A) Tomatoes
(B) Yellow Corn
(C) Cabbage
(D) Fresh Herbs

→ 5월 17일에 수령하지 못하는 제품이 무엇인지 묻고 있는 세부 정보 문제이다. 그런데 공지문에 나와 있는 농산물의 목록을 주문서에 제시된 목록과 비교해서 5월 17일에 수령하지 못하는 농산물이 무엇인지 파악하는 것이 가능하므로 두 지문 연계 문제에 해당한다. ❹와 ❺의 비교를 통해 최종 주문서에 나와 있는 목록에는 프레시 허브가 제외되어 있음을 알 수 있다. 또한 최종 주문서 별표 표시에 나온 * Instead of fresh herbs, please send us cabbage and radish.를 통해 fresh herbs 대신 cabbage와 radish, 즉, 신선한 약초 대신 양배추와 무를 보내줄 것을 요청하는 부분을 고려하면 5월 17일에 프레시 허브를 수령할 수 없다는 점을 알 수 있다. 그러므로 정답은 (D) Fresh Herbs이다.

정답 (D)

32. What is implied about American Trucking Service?

(A) Red River Farm was disappointed by its shipping service.
(B) It is popular for specializing in transporting agricultural products.
(C) The produce it delivered last week was not in good condition.
(D) It has offered trucking service to Bella Grocery Store before.

→ 아메리칸 운송 회사에 관해 추론할 수 있는 내용을 묻고 있다. 이메일 후반부 ❷의 If you have a preferred trucking service, I would be very glad to work with a trucking company you want to keep the service for you as smooth as possible.을 통해 레드 리버 농장이 선호하는 운송 회사를 알려주면 그 회사와 협업할 것임을 밝히고 있다. 아울러 벨라 청과점의 최종 주문서를 보면 선호하는 운송 회사로 아메리칸 운송 회사를 선택하고 있을 뿐만 아니라 역시 별표 표시의 내용인 ❻을 통해 아메리칸 운송 회사가 최근 5년간 벨라 청과점의 협력 운송 회사이며, 이 회사가 다른 지역의 농산물을 벨라 청과점까지 운송하는 업무를 담당하고 있음을 알 수 있다. 따라서 이메일과 공지문을 모두 참조해야 하는 두 지문 연계 문제이다. 이를 토대로 아메리칸 운송 회사가 이미 이전에도 벨라 청과점에 운송 서비스를 제공한 적이 있음을 유추할 수 있으므로 정답은 (D) It has offered trucking service to Bella Grocery Store before.이다.

정답 (D)

해석

문제 28-32번은 다음 이메일, 공지문, 그리고 주문서를 참조하시오.

발신: 앤서니 파커 <aparker@redriverfarm.com>
수신: 클레오 황 <chwang@bellagrocery.com>
제목: 귀사의 운송 회사에 관해
날짜: 5월 10일

황 씨께,

귀사에서 30에이커에 달하는 제 농장에서 재배되는 다양한 신선 야채와 곡물을 구매하시기로 승인해 주셔서 기쁩니다. 저는 저희 농산물의 품질을 보증하며, 귀 청과점 고객님들께선 저희가 생산한 최고의 농산물을 무척 좋아하실 겁니다.

귀사가 저희 농장에게는 굉장히 생소한 지역에 있습니다. 저는 정말 귀사와의 거래와 보스턴의 새로운 시장에 진입할 수 있길 바랍니다. 하지만 저희 농장은 캠브리지에 위치하고 있으므로 저희 농산물을 보스턴까지 배송해 드리는 것은 불가합니다. 만약 선호하는 운송 회사가 있으시면, 귀사를 위한 서비스가 최대한 원활하게 유지될 수 있도록 귀사가 선택한 운송 회사와 기꺼이 협업하도록 하겠습니다.

진심으로 귀하와의 거래에 감사를 드리고 이후 답변을 기다리겠습니다.

앤서니 파커
레드 리버 농장

벨라 청과점

오하이오의 레드 리버 농장에서 생산된 가장 신선한 농산물!

5월 12일
소중한 고객님께,

저희는 다음주에 오하이오에서 가장 신선한 농산물을 고객님께 제공해 드리게 되었음을 알려드리게 되어 기쁩니다. 캠브리지 시에 위치한 레드 리버 농장에서 재배한 고품질의 과일과 야채들이 수확되었으며, 이곳 벨라 청과점에서 판매될 예정입니다. 레드 리버 농장은 미국에서 선도적인 농산물 생산 기업 중 한 곳입니다.

- 토마토
- 콩
- 쌀
- 감자
- 노란 옥수수
- 하얀 양파
- 신선한 약초 (나릍풀, 백리향, 꽃박하)

저희는 다가오는 가을에 메사추세츠 주 플리머스 록에 위치한 살렘 농장에서 재배된 과일과 야채들을 판매할 예정입니다. 만약 더 궁금하신 점이 있으시면 857-3239로 연락을 주세요.

레드 리버 농장 주문서

주문 번호: #490911
고객: 벨라 청과점
주문 날짜: 5월 10일
배송 날짜: 5월 17일

세부 사항:
● 토마토 – 2,700 KG
● 콩 – 1,200 KG
● 쌀 – 3,000 KG
● 감자 – 1,500 KG
● 노란 옥수수 – 3,200 KG
● 하얀 양파 – 1,500 KG
● 양배추 – 1,800 KG
● 무 – 2,700 KG

총계: $38,233.35

* 신선한 약초 대신 저희에게 양배추와 무를 발송해 주세요.

선호하는 운송 회사: 아메리칸 운송 회사 / 1-877-723-4223

* 아메리칸 운송 회사는 지난 5년간 저희의 협력 운송 회사입니다. 아메리칸 운송 회사는 다른 지역의 농산물을 저희 청과점까지 운송하는 업무를 담당합니다.

성명: 리 톰슨, 농산물 담당자
서명: *Lea Thompson*

28. 파커 씨가 황 씨에게 이메일을 발송한 이유는 무엇인가?

(A) 부실한 서비스에 대한 불만을 토로하기 위해서
(B) 추가 정보를 요청하기 위해서
(C) 배송 견적을 요청하기 위해서
(D) 새로 출시된 제품들을 광고하기 위해서

29. 벨라 청과점이 위치한 곳은 어디인 것 같은가?

(A) 보스턴
(B) 레드 리버
(C) 캠브리지
(D) 플리머스 록

30. 공지문에서, 레드 리버 농장의 제품에 대해 언급된 것은 무엇인가?

(A) 유기농법으로 재배된 제품들이다.
(B) 다른 지역의 농산물보다 품질이 더 좋다.
(C) 한정된 기간 동안만 할인 혜택이 제공되는 제품들이다.
(D) 상대적으로 벨라 청과점에 가까운 곳에서 재배된 제품들이다.

31. 벨라 청과점에서 5월 17일 수령하지 못하는 것은 무엇일 것 같은가?

(A) 토마토
(B) 노란 옥수수
(C) 양배추
(D) 신선한 약초

32. 아메리칸 운송 회사에 관해 암시되는 것은 무엇인가?

(A) 레드 리버 농장은 아메리칸 운송 회사의 배송 서비스에 실망했다.
(B) 농산물 배송 전문으로 널리 알려져 있다.
(C) 아메리칸 운송 회사가 지난주에 배송한 농산물은 상태가 좋지 않았다.
(D) 아메리칸 운송 회사는 이전에도 벨라 청과점에 운송 서비스를 제공한 적이 있다.

어휘　approve ~을 결재하다, ~을 승인하다　a wide variety of 매우 다양한　crop 곡물　assure ~을 보장하다　produce 농산물　totally 완전히, 전적으로　new to ~에 낯선, ~에 익숙하지 않은　look forward to -ing ~을 기대하다, ~을 바라다　enter ~에 진입하다　be based in ~에 바탕을 두다, ~에 본사를 두다　preferred 선호되는 trucking service 운송 서비스　as smooth as possible 최대한 무난하게　sincerely 진심으로, 성실하게　appreciate ~을 고마워하다, ~에 감사하다　correspondence 서신, 교류　valued 소중한　high-quality 고품질　harvest ~을 수확하다, ~을 추수하다 leading 선도하는　agricultural 농업의　carry ~을 운반하다, ~을 다루다, ~을 취급하다, ~을 판매하다　upcoming 다가오는　further 추후의, 추가적인　instead of ~ 대신에

정답　28. (B)　29. (A)　30. (B)　31. (D)　32. (D)

Questions 31-35 refer to the following letter, schedule, and e-mail.

March 2
Ms. Emma Petrie
3007 Mallory Terrace
Ottawa, ON K1A 1L1

Ms. Petrie:

I am delighted to inform you that you have been selected to fill the role of Sales Team Manager at Futurecom Plasticware Inc. On April 1st, you will assume responsibility for a team of twenty-five experienced sales representatives at our Mulberry location. You and your team will sell our range of cell phone cases and accessories to both existing and potential clients.

Prior to your first official workday, you must attend an employee orientation. The orientation will most probably be held at the Mulberry branch office on March 28th. However, there is a slight chance that we will hold it one day earlier. If we do decide to move it forward by one day, we will use the Hexford branch office instead, as the Mulberry branch office will be unavailable on that day. You will be informed of the finalized details within the next few days, and an orientation schedule will be sent out to you promptly.

Kind regards,

Pamela Kane
Human Resources Manager
Futurecom Plasticware Inc.

Futurecom Plasticware Inc.
Employee Orientation Schedule
Room 301, Hexford Branch Office

Time	Training Session	Speaker/Instructor
9:15-9:45	Welcome Address & Orientation Outline	Mr. Aaron Myles
9:45-10:45	Futurecom Plasticware Inc.: Philosophy & History	Ms. Tracey Dugan
10:45-12:15	Innovative Product Design & Unique Selling Points	Mr. Greg Parker
1:30-2:45	Communicating with Existing and Potential Buyers	Ms. Jane Lewis
2:45-4:15	Strategies for Maximizing Your Time & Efficiency	Ms. Emily Hong
4:15-5:30	Upcoming Projects, Developments & Goals	Mr. Luke Thewlis

Orientation participants may contact the administration manager, Ms. Kim Christie, at k_christie@futurecom.net or 555-2134 if they have any questions.

From: Emma Petrie <e_petrie@futurecom.net>

To: Kim Christie <k_christie@futurecom.net>

Date: April 1

Subject: Recent Orientation

Dear Ms. Christie,

I am the new Sales Team Manager at the Mulberry branch office, and I recently attended the staff orientation. I hope you don't mind assisting me with a couple of things. First, my dental appointment caused me to miss the start of Mr. Myles's talk, so I was wondering if there were any handouts distributed at the beginning. If so, would I still be able to receive a copy? Also, I have a slightly embarrassing problem. The manager who spoke about the company's founding suggested that we get together for lunch this week. The problem is that I cannot recall the manager's name, and I haven't heard of the schedule yet. Can you please let me know the manager's name and extension number? Thank you very much.

Sincerely,

Emma Petrie

31. In the letter, the word "assume" in paragraph 1, line 3, is closest in meaning to

(A) inquire
(B) undertake
(C) suppose
(D) raise

32. What is most likely true about the employee orientation?

(A) It took place in two locations.
(B) It included a 90-minute lunch break.
(C) It was held on March 27th.
(D) It was attended by twenty-five people.

33. What is NOT a topic that was covered at the employee orientation?

(A) Design features of products
(B) Interaction with customers
(C) Advertising strategies
(D) Future objectives

34. What can be inferred about Ms. Petrie from the e-mail?

(A) She spoke to Mr. Myles at the orientation.
(B) She is a good acquaintance of Ms. Christie.
(C) She will start work later than scheduled.
(D) She arrived late for the orientation.

35. Which orientation instructor most likely invited Ms. Petrie to lunch?

(A) Tracey Dugan
(B) Greg Parker
(C) Jane Lewis
(D) Emily Hong

정답 및 해설

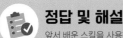

정답 및 해설

앞서 배운 스킬을 사용하여 최대한 신속하고 효율적으로 문제를 풀이하자.

2장 PART 7 문제 유형별 해결 전략

01강 유추 & 추론

Practice 1

문제 1번은 다음 광고를 참조하시오.

> **신장 개업**
> **대니스 다이너**
> 하더 로드
> 헤이워드, 캘리포니아
> 전화번호: (510) 466-0278
>
> 대니스 다이너의 개업식에 오십시오. 저희는 온 정성을 기울인 캘리포니아 요리와 지역 특선 음식을 제공합니다. 매주 일요일은 정오부터 뷔페가 시작됩니다.
>
> **1 영업 시간**
> 월요일 ~ 목요일: 오전 11시 30분 - 오후 8시
> 금요일과 토요일: 오전 11시 30분 - 오후 11시
> 일요일: 오전 10시 ~ 오후 5시

어휘 | diner 식당 specialty 명물, 특선품 starting at ~시에 시작하는 business hours 영업 시간 kitchen staff 조리 인력 all over 곳곳에, 전역에 걸쳐

1. 대니스 다이너에 대해 암시된 것은 무엇인가?
(A) 조리 인원이 적다
(B) 캘리포니아 주에서 유명하다.
(C) 일요일에 평소보다 일찍 문을 닫는다.
(D) 외국의 음식과 음료를 접할 수 있는 현대적인 장소이다.

해설 | 영업 시간을 소개하는 부분을 보면 평일에는 오후 8시, 금요일과 토요일에는 오후 11시에 가게 문을 닫는데 비해 일요일의 경우 오후 5시에 영업을 종료한다. 따라서 다른 날에 비해 일요일에 유독 문을 일찍 닫는다는 점을 가늠할 수 있으므로 (C)가 정답이다.

정답 | (C)

Practice 2

문제 2번은 다음 온라인 대화 논의를 참조하시오.

도로시 머레이 오후 8시 29분	하이킹 클럽 회원 여러분 안녕하세요. 내일 등산을 가기 전에 몇 가지 언급해야 할 중요 사항들이 있습니다. 첫째, 제시간에 도착하십시오. 버스는 오전 8시 정각에 출발합니다. 또한 간식, 생수, 그리고 의료품을 배낭에 가져 오세요. 개방 시간에 맞춰 오후 6시에 구엘프 산에서 떠날 것입니다.
헬렌 굿나잇 오후 8시 31분	**2** 구엘프 산 아래서 그런 물건을 살 수 있는 가게가 있나요?
도미닉 발라드 오후 8시 32분	아니요. 산 아래서 도보로 20분 거리의 주유소까지 걸어가야 하므로 모든 필수품을 꼭 챙겨 와야 합니다.
테레사 그리어 오후 8시 38분	그 점에 동의해요. 지난번에 산 아래에서 주유소까지 걸어가야 했는데 끔찍했어요.
도로시 머레이 오후 8시 40분	게다가, 쓰레기를 다시 가져와야 합니다. 구엘프 산에서 쓰레기 투기는 금지되어 있습니다.
웬디 데이비스 오후 8시 45분	구엘프 산은 개에게 친화적인 산이므로 개를 데리고 가서 함께 등산을 할 수도 있습니다.

어휘 | make sure to do 잊지 말고 ~하다 on time 제시간에, 정시에 depart 출발하다 sharply 신속히, 정확히 in addition 게다가, 아울러 bottled water 생수 medical supplies 의약품 in accordance with ~에 따라서 hours of operation 운영 시간 necessities 필수품 second (회의에서) 재청하다, 찬성하다 garbage 쓰레기 littering 쓰레기 투기 prohibit 금지하다

2. 굿나잇 씨에 대해 암시되어 있는 것은 무엇인가?
(A) 발라드 씨와 정기적으로 등산을 간다.
(B) 애완동물과 함께 등산을 즐긴다.
(C) 구엘프 산을 자주 방문한다.
(D) 하이킹 클럽의 신입회원이다.

해설 | 굿나잇 씨에 대해 언급된 사항을 묻는 유추 & 추론 문제이다. 오후 8시 31분에 굿나잇 씨에 대한 정보가 제시되고 있으므로 이 부분을 집중적으로 살펴본다. 구엘프 산에 관한 정보가 없는 것으로 보아 (D)를 유추할 수 있다.

정답 | (D)

02강 세부 정보 파악

Practice 3

문제 3번은 다음의 웹사이트 정보를 참조하시오.

Hotelassistant.com

모스만에 위치한 다음 4개의 호텔은 귀하의 취향에 맞을 것입니다. 가격 및 사진을 포함하여 각 호텔에 대한 자세한 정보를 보려면 호텔 이름을 클릭하세요.

	위치	편의시설	투숙객 의견
데이빗슨 호텔	도심지, 도시 박물관 및 도시 공원까지 도보 거리	호텔 전체 무료 무선 인터넷 서비스	"약간 붐비기는 하지만 위치가 아주 좋아요. 휴식 공간이 충분하지 않았어요. 점심식사를 위해 룸서비스를 주문했어요. 최고 수준은 아니지만, 시간을 잘 지켰고 가격이 적절했어요." - V. 덕영
호텔 파라다이스	모스만 동쪽 (모스만 오페라하우스 근처)	투숙객 주차	"방에서 유명 오페라 하우스가 내려다보였어요. 완벽했죠. 호텔의 아침식사가 맛있었어요." - S. 페테르난
데브니어 리조트	모스만 외곽으로 9킬로미터 떨어져 있고, 웨스트 파크와 가까움; 도심 무료 셔틀버스	**3 회의 및 비즈니스 룸: 모든 투숙객 공간에서 인터넷 접속**	"이곳에서 열리는 도시계획 컨퍼런스에 참석했어요. 서비스는 흠잡을 데 없었고, 우리가 돌아본 건물들, 보도, 공공장소들이 잠깐 셔틀버스를 타고 갈 수 있는 거리에 있었어요." - S. 볼드윈
켄터베리 하우스	도심지, 예술지구 및 관광지 근처	완벽한 비서 업무지원과 함께 24시간 비즈니스 룸	"인근의 고전적인 건물들을 둘러보고자 매년 3월마다 이곳에서 지냅니다. 직원들은 늘 큰 도움을 주고, 나는 보통 역사적인 '레이디 저스티스' 동상이 보이는 방을 제공 받습니다." - R. 웨버

면책 조항: 저희는 가장 정확하고 업데이트된 정보를 제공하고자 노력하지만, 변경사항들은 불가피합니다. Hotelassistant.com은 가격, 요금 및 광고 내용을 포함하여 어떠한 부정확한 정보에 대해서도 책임을 지지 않습니다. 이용자들께서는 assistant@hotelassistant.com으로 저희에게 연락함으로써 불일치하는 정보를 알려주시고 피드백을 제공해 주시면 감사하겠습니다.

어휘 | match your preferences 당신의 취향에 맞다 walking distance 걸어갈 만한 거리 complimentary wireless Internet 무료 무선인터넷 though (it is) slightly overcrowded 약간 붐비기는 하지만 enough room to relax 쉴 만한 충분한 공간 though (it is) not first class 1등급은 아니지만 punctual 시간을 잘 지키는 fairly priced 가격이 적절한 overlook (위에서) 내려다보다 a short shuttle ride 셔틀버스로 잠깐 갈 수 있는 거리 sightseeing areas 관광지 secretarial assistance 비서 지원 nearby 가까운 with a view of ~이 보이는 disclaimer 면책 조항 endeavor to do ~하려고 노력하다 unavoidable 불가피한 advertised features 광고되는 것들 appreciate 감사하다 bring+목+to one's attention ~에게 …을 알리다 inconsistency 불일치, 모순 provide feedback 피드백을 제공하다

3. 데브니어 리조트에서만 이용할 수 있는 것은?
(A) 객실 내의 인터넷 접속
(B) 투숙객 주차
(C) 인쇄 서비스
(D) 특별 행사 시설

해설 | 데브니어 리조트(Devenir Resort)에서만 이용할 수 있는 것을 묻는 육하원칙(What) 문제이다. 해당 호텔의 편의시설(Amenities) 부분을 살펴보면 된다. Conference and business rooms: Internet access in all guest areas라고 되어 있으므로 (D)가 정답이다. (B)는 호텔 파라다이스에 해당되는 내용이다.

함정 분석 | 편의시설을 소개한 부분에서, Internet access in all guest areas라는 부분을 들어 정답을 (A)로 착각하기 쉽다. 하지만 객실 내의 인터넷 접속은 데이빗슨 호텔에서도 소개되어 있으므로 데브니어 리조트만의 고유 서비스라고 보기는 어렵다.

정답 | (D)

Practice 4

문제 4번은 다음 이메일을 참조하시오.

발신: amyzhao@email.com
수신: complains@pomo.com
날짜: 5월 14일
제목: 의심스러운 판매자

포모 관계자 분께,

지난 3년간 귀사의 서비스를 이용해 왔습니다. 운 좋게도 저는 제게 사기를 친 판매자를 만난 적이 없었습니다. 하지만 이제 사기를 당한 것 같습니다. 상점은 스카이블루 이어링스입니다. 저는 그들이 야광 보석을 파는 것을 보고 귀걸이 한 세트를 구입했습니다. 물건 주문 후 3개월이 지났고, 3월 21일이었던 예상 배송일이 훨씬 지난 상태입니다. **4** 상점이 바쁘기 때문에 배송이 지연된다고 생각했지만, 제가 지연에 대한 리뷰와 의견을 게시하자 상점으로부터 차단을 당했습니다. 그들을 정지시키고 환불해 주시기 바랍니다. 제 주문 번호는 000000E289289입니다.

에이미 자오

어휘 | encounter 맞닥뜨리다, 부딪히다 scam 사기치다, 속이다 glow-in-the-dark jewelry 야광보석 way 훨씬 past 지나서 estimated delivery date 예정 배송일 block 막다, 차단하다 give ~ a refund ~에게 환불해 주다

4. 자오 씨는 왜 본인이 사기를 당했다고 생각했는가?

(A) 구매품이 신용카드로 결제되지 않았다.
(B) 그녀의 동료들도 같은 문제점을 갖고 있었다.
(C) 그녀의 불만이 받아들여지지 않았다.
(D) 제품에 결함이 있었다.

해설 | 자오 씨가 사기를 당했다고 생각하는 이유를 묻는 세부 정보 파악 문제이다. 우선 문제의 키워드는 사기를 당했다는 의미를 담은 cheated이므로 이와 비슷하거나 연관성이 있는 어구나 표현을 찾아 그 주변을 탐색한다. 그런데 지문 후반부에 Please suspend them and give me a refund. 라는 표현이 눈에 띈다. suspend는 '일시 정지시키다'라는 의미이고, give me a refund는 '환불을 해달라'는 의미이다. 따라서 이 표현이 사기를 당한 내용과 연관성이 있다고 유추할 수 있다. 하지만 이 내용만으로는 사기의 내용이 무엇인지 알 수가 없으므로 그 앞의 문장인 I thought the delivery might have been delayed because the store

is busy, but when I uploaded a review/comment about the delay, I was blocked from the shop.까지 살펴본다. 결국 이 내용을 통해 지연에 대한 리뷰와 의견을 게시하자 상점으로부터 차단을 당했다고 하므로 선지 중에선 (C)가 가장 타당한 내용이다.

정답 | (C)

03강 사실 확인(True)

Practice 5

문제 5번은 다음 광고문을 참조하시오.

모나코-빌 지역 센터

모나코-빌 시내에서 차로 겨우 10분 거리의 풍경 좋은 산과 어우러진 지역에 위치해 있는 모나코-빌 지역 센터(MCC)는 레저, 운동, 휴식을 위한 지역 사회의 새로운 공간입니다. **5** MCC는 가족 단위 및 미혼 남녀들이 마사지를 받고, 운동 및 수영을 즐기고, 심지어 일광욕실에서 낮잠을 즐길 수 있는 훌륭한 장소입니다.

다채로운 활동과 다양한 방식의 휴식을 제공하는 MCC는 가족 모임과 간단한 사업회의, 미혼 남녀들의 편안한 만남의 장소로서 최적의 장소입니다. 추가 비용을 지불하시면, 개인 목욕용품을 제공합니다.

회원권에 대해 문의하시려면, 프론트 데스크 (404) 555-3242로 전화하시거나 members@mcc.com으로 이메일을 보내주시기 바랍니다. 저희 센터에서 관리자와 연락하시려면 (404) 555-1020으로 전화주십시오.

어휘 | scenic 경치가 좋은 setting 환경 massage 마사지 nap 낮잠 sunroom 일광욕실 a variety of 다양한 ideal 이상적인 get-together 모임 spot 장소 onsite 현장의 coordinator 관리자 be located in ~에 위치해 있다 catering service 출장 연회 서비스

5. 모나코-빌 지역 센터에 대해 언급된 것은 무엇인가?

(A) 시내 중심부에 위치해 있다.
(B) 마사지 서비스를 제공한다.
(C) 출장 연회 서비스를 제공한다.
(D) 건물 내에 커피숍이 있다.

해설 | 모나코-빌 지역 센터에 대한 언급된 내용을 묻는 질문이므로 지문에서 모나코-빌 지역 센터에 대해 소개하는 내용을 중심으로 단서를 파악해야 한다. 첫 번째 단락 마지막 문장 The MCC is a great place for families and singles to get a massage, to play sports, to go swimming, and even to have a nap in our sunroom.을 통해 모나코-빌 지역 센터에서 마사지 서비스를 제공하고 있음을 알 수 있다. 그러므로 (B)가 정답이다.

정답 | (B)

Practice 6

문제 6번은 다음 기사를 참조하시오.

Ash Technologies 사에서 새로운 노트북 컴퓨터 출시

San Jose – Ash Technologies 사는 최근 데스크탑 컴퓨터들이 보유하고 있는 성능의 대부분을 유지하면서 저렴한 가격과 휴대성을 지니는데 초점을 맞추는 새로운 개념의 노트북 컴퓨터인 Ultra Speed를 출시했다. **6 Ash Technologies 사에서 최고로 유능한 컴퓨터 엔지니어에 의해 개발된 최신 노트북 컴퓨터인 Ultra Speed**는 환상적으로 저렴한 가격으로 구매할 수 있는 기회를 물색 중인 직장인들, 세련된 컴퓨터 사용자들, 그리고 대학생들 사이에서 명성을 떨칠 준비가 되어 있다. Ultra Speed는 사용자들에게 대개 추가 비용을 요구하는 훌륭한 컴퓨터 그래픽, 넉넉한 메모리, 그리고 다양한 멀티미디어 기능들을 제공하는 몇 안 되는 노트북 컴퓨터 중 하나이다.

*Silicon Valley Magazine*과의 인터뷰에서, Ash Technologies 사의 최고 경영자인 Andrew Kim은 Ultra Speed에 대한 호평에 매우 기뻤다고 말하고 있다. 그는 Ultra Speed의 저렴한 가격이 누구든 이를 사고 싶어하는 사람들이 큰 부담이 없이 구매할 수 있도록 해줄 것임을 강조했다. 이제는 인근 전자 상점에서 여러분만의 Ultra Speed를 찾아볼 시간이다.

어휘 | recently 최근에 release ~을 출시하다 concept 개념 focus on ~에 초점을 맞추다 portability 휴대성 sacrifice 희생; ~을 희생시키다 performance 기능 be developed by ~에 의해 개발이 되다 among ~ 사이에서 office worker 사무직 직원 sophisticated 세련된, 수준이 있는, 정교한 fantastic 환상적인 deal 거래 surplus 나머지, 잉여, 잔여 feature 기능, 특징

usually 대개 cost 비용; ~만큼의 비용이 들도록 하다 extra 추가의, 여분의 be delighted with ~으로 인해 기쁘다 emphasize ~을 강조하다 affordable 저렴한, 입수 가능한 own 소유의; ~을 소유하다 nearby 근처의 electronics store 전자 상가

6. Ultra Speed에 관해 언급된 것은 무엇인가?

(A) 평생 품질 보증을 제공한다.
(B) 오래가는 배터리 수명을 제공한다.
(C) 유능한 기술자들에 의해 제작되었다.
(D) 컴퓨터 엔지니어들에 의한 호평을 받았다.

해설 | 사실 확인(True) 유형인데, 이 지문 전체의 맥락이 Ulta Speed라는 노트북 컴퓨터를 중심으로 묘사되고 있으므로 전체 내용을 파악해야 하는 유형에 속한다. 따라서 선지의 키워드까지도 먼저 숙지한 후 Ultra Speed가 최초로 제시되는 부분을 중심으로 2~3문장씩 끊어 읽어가며 선지의 내용과 맞춰 정답을 선택한다. 지문 초반부의 Ultra Speed, the latest laptop computer developed by top computer engineers at Ash Technologies에서 Ultra Speed가 Ash Technologies 사에서 가장 뛰어난 컴퓨터 공학자들에 의해 개발된 것임을 언급하고 있으며, 이는 선지의 (C) It was created by competent technicians.와 부합되는 내용이므로 정답은 (C)이다. 나머지 (A), (B), (D)는 지문에 언급되지 않은 내용들이다.

정답 | (C)

04강 주제 & 목적

Practice 7

문제 7번은 다음 편지를 참조하시오.

버클리 지역 주민들께,

많은 분들께서 아시겠지만, 저는 6월 4일 언덕과 평야를 지나 북쪽으로 496마일을 올라가는 올해의 주 횡단에서 지역 자선단체들을 위해 자전거를 탈 것입니다. **7 여러분 중 많은 분들께서 이 특별행사에서 저를 후원해 주시길 희망합니다.** 여러분의 도움으로, 저희는 지역의 불우한 사람들에게 많은 선한 일을 할 수 있습니다.

어휘 | resident 주민 cycling 사이클링, 자전거 타기 local 지방의, 현지의 charity 자선, 자선단

체 plains 평원, 광야 sponsor 후원자; 후원하다
do good 선한 일을 하다 in need 불우한, 어려운
형편의

7. 편지가 작성된 이유는 무엇인가?

(A) 사람들에게 지역 자선 행사에 관해 전달하기 위
해서
(B) 거주민들에게 재정 후원을 요청하기 위해서
(C) 연례 자전거 도로 투어에 등록하기 위해서
(D) 새로운 단체의 출범을 발표하기 위해서

해설 | 편지의 목적을 묻는 문제이다. 지문의 두 번
째 문장을 보면 특별 자선 행사를 맞이하여 많은 분
들이 재정적으로 후원해 주길 바란다는 내용이 등장
하고 있으므로 편지의 목적은 재정 후원을 요청하기
위함임을 알 수 있다. 그러므로 정답은 (B) To ask
for financial support from residents가 된다.

정답 | (B)

Practice 8
문제 8번은 다음 공지문을 참조하시오.

공지

8 덴버 국제공항은 공항 전체에 무선 인터넷 연
결이 가능하게 되었음을 자랑스럽게 알려드립
니다. 공항의 무선 서비스 제공업체가 공항 내
모든 장소에서 24시간 인터넷에 접속할 수 있
는 서비스를 제공해 주었습니다. 이러한 서비스
의 사용을 고객님께도 전달해 드리고자 합니
다. 이 서비스는 완전히 무료이며, 여러분께서
는 노트북 컴퓨터만 소지하고 계시면 됩니다.

노트북 컴퓨터를 소지하고 계시지 않은 탑승객
들을 위해 A, B터미널에 2개의 컴퓨터 센터를 마
련했습니다. 컴퓨터 센터의 위치는 공항 지도상
에서 녹색 컴퓨터 그림으로 표시되어 있습니다.

컴퓨터 또는 개인 컴퓨터와 관련하여 도움이 필
요하시면, B터미널의 14번 게이트에 있는 안내
데스크로 오시기 바랍니다. 기꺼이 도와드리겠
습니다.

어휘 | be proud to do ~해서 자랑스럽다
wireless 무선의 Internet access 인터넷 접속
provide A with B A에게 B를 제공하다 pass
along 전달하다 absolutely free of charge 완전
무료의 indicate 표시하다 assistance with ~에
관한 도움

8. 공지문의 목적은 무엇인가?

(A) 도움을 요청하는 것
(B) 서비스를 알리는 것
(C) 제품을 광고하는 것
(D) 길 안내를 요청하는 것

해설 | 공지문의 목적은 대개 지문 초반부에서 확인
할 수 있다. 공지문 초반부 Denver International
Airport is proud to announce wireless
Internet access throughout the entire airport.
를 통해 공항 전체에서 무선 인터넷 사용이 가능함
을 전달하고자 하는 목적의 공지문임을 알 수 있으
므로 (B)가 정답이다.

정답 | (B)

05강 동의어 파악

Practice 9
문제 9번은 다음 이메일을 참조하시오.

존 무어 씨 수석 탤런트 스카우트 되다

존 무어 씨가 TSA(탤런티드 스타 에이전시)의
수석 탤런트 스카우트직을 수락하였고, 다음달
부터 재능 있는 신인들을 영입하기 위한 업무를
시작하게 되었다는 소식을 알리게 되어 기
쁩니다.

무어 씨는 15년 전에 비글 엔터테인먼트 사의
우편실에서 첫 직장생활을 시작했습니다. 그의
노고, 열정 그리고 굳은 결의가 3년 만에 그를
에이전트 직으로 이끌어주었습니다. 8년이 넘
는 기간 동안 최고의 신인들을 영입해 온 후, 그
는 회사를 떠나 우리 TSA의 에이전트로 일하게
되었습니다. 그는 3년이 넘는 기간 동안 우리와
함께 했으며, 우리는 새로운 가능성으로 우리를
이끌어줄 그의 능력을 확신합니다. **9** 그는 최고
의 역량으로 고객들에게 TSA 사를 대표할 준비
가 되어 있습니다.

무어 씨는 TSA 사장님 직속으로 일하게 될 것
이며, 레오 블룸 사장님께서는 무어 씨에 대해
이렇게 말씀하셨습니다. "보자마자 특별한 사
람이라고 말할 수 있는 사람은 일생에서 드뭅니
다. 존은 그런 특별한 사람이지요. 저는 그의 재
능을 의심하지 않습니다. 우린 위대한 성과를
이루게 될 것입니다."

존 무어 씨께 축하드립니다.

어휘 | talent 재능, 재능 있는 사람 talent scout 인재 발굴 담당자 be pleased to do ~하게 되어 기쁘다 hard work 근면 enthusiasm 열정 determination 결단력 jump ship (조직에서) 이탈하다, 떠나다 report directly to ~에게 직접 보고하다

9. 기사에서 두 번째 단락 일곱 번째 줄의 "represent"와 의미상 가장 유사한 단어는 무엇인가?

(A) ~에 일치하다
(B) ~에 대해 자문하다
(C) ~의 사진을 찍다
(D) ~을 대변하다

해설 | 주어진 문장 내에서 represent는 '(회사를) 대표하다'라는 뜻으로 사용되었으며, 이와 동일한 의미를 지닌 표현으로는 speak for가 적절하다. 따라서 (D)가 정답이다.

함정 분석 | (D)의 speak for는 '~을 위해 말하다'라는 뜻이 아니라 '~을 대변하다'라는 의미임에 유의한다.

정답 | (D)

의도 파악

Practice 10

문제 10번은 다음 문자 메시지를 참조하시오.

조지프 파텔 오전 10시 03분	안녕하세요. 오늘 저녁식사에 추가로 한 분의 채식 손님이 와서 재료가 더 필요합니다. 아직 시장에서 나오지 않았나요?
제니 응우엔 오전 10시 05분	**10 제때에 메시지를 보냈군요.** 무엇을 사갈까요?
조지프 파텔 오전 10시 08분	약간의 가지, 양배추, 당근 그리고 콩나물을 사오시겠어요? 오, 과일 샐러드도 잊지 말고요.

어휘 | vegetarian guest 채식 게스트 ingredient 식재료 eggplant 가지 cabbage 양배추 carrot 당근 beansprout 콩나물

10. 오전 10시 5분에 응우엔이 "You messaged me just in time."이라고 쓸 때 의미하는 바는 무엇인가?

(A) 그녀는 이미 추가로 오는 손님에 대해 알고 있다.
(B) 그녀는 여전히 시장에서 쇼핑하고 있다.
(C) 그녀는 그 시장을 여러 번 가본 적이 있다.
(D) 그녀는 시장을 떠났고 돌아오는 중이다.

해설 | 오전 10시 3분에 추가된 한 명의 채식 손님 때문에 재료가 더 필요한데, 시장에서 아직 나오지 않았냐는 물음에 대해 "제때에 연락을 주었다."고 하는 상황이므로 (B)가 가장 적합하다.

정답 | (B)

빈칸 추론

Practice 11

문제 11번은 다음 편지를 참조하시오.

> 제인 위더스푼 씨
> 카먼 스타일리시 클로딩
> 49번 가 4009번지
> 스포케인, 워싱턴 주 61123
>
> 위더스푼 씨께,
>
> 저희가 배송 중에 주문하신 캐비닛이 파손되어 유감으로 생각합니다. 저희 운송 회사에서 그 파손은 선적 중에 발생한 것이라 확인했습니다. 저희는 제품이 완전한 상태로 배송될 수 있도록 최선의 노력을 경주하고 있습니다. 하지만 종종 예상치 못한 일들이 배송 중에 발생하는 경우가 있습니다. **11 파손된 캐비닛을 교체할 제품이 이미 선적 중에 있습니다.** 이는 2-3일 후에 도착할 것으로 예상합니다.
>
> 만약 추가 질문이 있으시면 저희 고객 서비스 부서에서 근무하는 John Wilson 씨에게 (510) 575-4332로 연락을 주시기 바랍니다.

어휘 | make every effort (to) ~에 대해 갖은 노력을 다하다

11. [1], [2], [3], [4]로 표시된 위치 중 다음 문장이 들어가기에 가장 적절한 곳은?

"파손된 캐비닛을 교체할 제품이 이미 선적 중에 있습니다."

(A) [1]
(B) [2]
(C) [3]
(D) [4]

해설 | 제시된 문장을 보니 문장 앞에 파손된 캐비 닛에 대한 언급이 있을 것으로 예상할 수 있고, 그 뒤에는 선적 이후에 대한 상황이 올 것으로 예상할 수 있다. [3]의 앞문장에서 예상치 못한 일들이 종종 발생한다고 하고, 뒤 문장에서 2~3일 후에 도착할 것으로 예상된다고 하는 것으로 보아 주어진 문장 이 들어갈 가장 적절한 곳은 (C)이다.

정답 | (C)

Practice 12

문제 12번은 다음 기사를 참조하시오.

> ### "Go Fly A Kite" 행사 인기를 얻다
>
> 페어필드 커뮤니티 플래너스가 레인보우 공원 에서 열리는 "Go Fly a Kite" 행사를 준비한 것 이 올해로 두 번째 해이다. 단지 두 번째 해만에 이 행사는 규모와 인기 면에서 기하급수적으로 성장했다. "올해 저희는 실제로 행사의 광고를 늘렸습니다. 단지 지역 식료품점에 광고를 부착 하는 대신에, 공식 웹사이트를 만들었습니다. 이 천재적인 발상은 웹사이트 고객들에게 그들 이 참석할 것인지 아닌지를 알리도록 요청하는 것을 가능하게 했고, 이에 따라 감사하게도, 지 난해보다 70퍼센트 이상 많은 고객들을 예상하 고 있습니다." 행사 기획자 마르시아 수녀는 이 렇게 말했다.
>
> 행사의 일부로, 아이들에게는 자신들만의 연을 꾸미고 날릴 수 있는 기회가 제공된다. 다른 활 동으로는 페이스페인팅, 라이브 음악 및 음식 판매점을 포함하며, 경찰관과 소방관을 만나고 그들의 모든 장비를 구경할 수 있는 기회도 제 공된다. **12** 이런 활동들은 모든 연령층과 다양 한 관심을 지닌 사람들을 위해 맞춰져 있다.
>
> 내년 행사를 위한 기획위원회에 참여하는 데 관 심이 있다면, agrant@kite.org로 애나 그랜트 에게 연락하면 된다.

어휘 | organize 준비하다, 조직하다 exponentially 기하급수적으로 in size and popularity 규모와 인기 면에서 post fliers 광고 지를 부착하다 grocery store 식료품점 official Web site 공식 웹사이트 a stroke of genius 천 재적인 발상 indicate 가리키다, 지적하다 thankfully 감사하게도 event planner 행사 기획 자 as part of ~의 일환으로 afford 주다(= give), 경제적 여유가 되다(= can afford) opportunity to do ~할 기회 decorate 장식하다 food vendor 음식 판매점 fireman 소방관 explore

찾아보다, 알아보다 equipment 장비, 설비 be geared for ~에 대해 준비되다, ~에 맞춰져 있다

12. [1], [2], [3], [4]로 표시된 위치 중 다음 문장이 들어가기에 가장 적절한 곳은?

"이런 활동들은 모든 연령층에 걸쳐 다양한 관심을 지닌 사람들을 위해 맞춰져 있다."

(A) [1]
(B) [2]
(C) [3]
(D) [4]

해설 | 제시된 문장 속의 키워드는 These activities 로 볼 수 있는데, activities가 언급된 단락은 두 번 째 단락이다. Other activities will include face painting, live music, food vendors, and opportunities to meet policemen and firemen and to explore all their equipment.라는 문장 에 other activities가 언급되어 있고, 그 다음에 제 시된 문장이 자연스럽게 연결되므로 (C)가 정답이다.

정답 | (C)

08강 사실 확인(Not True)

Practice 13

문제 13번은 다음 광고를 참조하시오.

> http://www.flavorsoffernygrove.com/
> advertising
>
> | 홈 | 연락처 | 주문하기 | 고객 리뷰 |
> |---|---|---|---|
>
> 수상 경력이 있고 수천 명의 독자를 보유한 온라인 잡지 *Flavors of Ferny Grove*는 방문자들에게 퍼니 그로브 지역에서의 외식에 대해 믿을 만하고 상세한 정보를 제공합니다. 저희 웹사이트의 광고 는 다음과 같은 4가지 유형을 제공합니다.
>
> | **13 유형 1**
수평 배너가 우리 페이지의 상단을 지나며, 즉 시 독자들의 눈에 띕니다. 오디오나 사진은 추가될 수 없습니다. | 유형 2
이 작은 유형의 광고는 특집 기사의 중간에 삽입됩니다. 오디오와 사진 한 장을 텍스트와 결합시킬 수 있습니다. |
> |---|---|
> | 유형 3
수직 배너가 특집 기사 가장자리에 나타납니다. 오디오 파일이나 사진은 추가될 수 없습니다. | 유형 4
가장 큰 유형의 이 반 페이지짜리 광고는 여러 장의 사진과 오디오 파일을 텍스트와 결합시킬 수 있습니다. |

어휘 | award-winning 수상 경력이 있는 thousands of followers 수천 명의 추종자들 provide A with B A에게 B를 제공하다 dependable 믿을 만한 detailed 상세한 horizontal banner 수평 배너 pass over the top of ~의 상단부를 지나가다 immediately 즉각적으로 be inserted into ~에 삽입되다 featured article 특집 기사 be combined with ~와 결합되다 vertical banner 수직 배너 along the edges 가장자리를 따라 multiple 많은(= many)

13. 유형 1에 대해 무엇이 언급되지 않았는가?

(A) 수평 배너가 페이지 상단을 지난다.
(B) 눈에 잘 띈다.
(C) 오디오 파일과 결합시킬 수 있다.
(D) 오디오나 사진이 추가될 수 없다.

해설 | Pattern 1의 내용에 대해 묻고 있으므로, 유형 1 부분을 찾아 관련 정보를 습득한다. 유형 1에 따르면, 수평 배너가 페이지의 상단을 지나고, 즉각 독자들의 눈에 띄며, 오디오나 사진을 추가할 수 없다는 정보를 얻을 수 있다. 하지만 오디오 파일을 합칠 수 있다는 정보는 없으므로 정답은 (C)이다.

정답 | (C)

Practice 14

문제 14번은 다음 회람을 참조하시오.

어휘 | as daylight hours become shorter 낮이 짧아짐에 따라 unfortunately 안타깝게도 street crime 길거리 범죄 tend to increase 증가하는 경향이 있다 encourage+목적어+to do ~가 …하는 것을 권고[장려]하다 take the following precautions 다음의 예방조치를 따르다 avoid -ing ~하는 것을 피하다 if (it is) possible 가능하면 keep a firm grip on ~을 꽉 쥐다 well-lit 불빛이 밝은 well-traveled 사람이 많이 다니는 shortcut 지름길 alley 골목(길) be tempted to steal 훔치고 싶은 충동이 들다 take the metro train or bus 지하철이나 버스를 이용하다 surroundings 주변 escort 에스코트, 동행 emergency 응급[긴급] 상황

14. 회람에는 어떤 종류의 상황이 언급되지 않았는가?

(A) 길거리를 혼자 걷기
(B) 도심에서 운전하기
(C) 길거리에서 핸드백 휴대하기
(D) 차에 물건을 놓아두기

해설 | 언급되지 않은 상황을 묻는 Not True 문제이다. 질문에 Not이 들어가는 경우 문제의 선지들과 본문의 해당 내용을 자세히 비교 분석해야 한다. (A)는 Avoid walking alone if possible.에, (C)는 Keep a firm grip on your purse or computer case.에, 그리고 (D)는 When you are away from your parked car, try not to leave anything visible that another person may be tempted to steal.에 근거가 제시되어 있다. (B)는 해당되는 부분이 없다.

정답 | (B)

Practice 15

문제 15번은 다음 영수증을 참조하시오.

홈스테드 베이커리
비콘 가 1199번지
브루클린, 메사추세츠 주 02446
월요일부터 토요일까지 오전 6시에서 오후 6시
까지 오픈

8월 23일   오후 5:34
영수증 번호: 2527
출납원: 존 리케츠

프렌치 크로와상 3개   12달러
호밀빵 두 덩이   6달러
허니 글레이즈드 도넛 4개   6달러
판매세   1.68달러

주문 합계: 25.68달러
홈스테드 베이커리는 대규모 행사와 비즈니스
미팅에 음식을 공급합니다.

www.homesteadbreads.com에 방문하셔서
가장 마음에 드는 홈스테드 베이커리의 제품을
말씀해 주시면 한 달 치 빵과 페이스트리를 얻
을 수 있습니다. **15** 프린스 가(街)에 새롭게 오
픈한 매장에 이 영수증을 가져오셔서 다음 구매
시 10퍼센트 할인을 받으세요.

어휘 | cater (행사에) 음식을 공급하다   a month's
worth of 한 달 치의   bring A to B A를 B에 가져
가다   get 10% off your next purchase 다음 구
매 시 10퍼센트 할인을 받다

15. 고객들이 프린스 가의 매장 방문을 요청받는
이유는?

(A) 빵이나 페이스트리를 추천하기 위하여
(B) 음식 공급 주문을 하기 위하여
(C) 환불을 요청하기 위하여
(D) 할인을 받기 위하여

해설 | 고객들이 요청받은 이유를 묻고 있다. 마지막
문장인 Bring this receipt to our newly opened
Prince Street location and get 10% off your
next purchase.에서 새로 오픈한 매장에 영수증을
가져오면 10퍼센트 할인을 해준다고 하므로 (D)가
정답이다.

정답 | (D)

3장 PART 7 지문 유형별 해결 전략

01강 이메일(E-mail)

Practice 1

문제 1-3번은 다음 이메일을 참조하시오.

발신: 타라 브라운 <tara.brown@mail.com>
수신: 모든 신청자
날짜: 5월 3일
제목: 행사 정보

여러분, 안녕하세요? **1** 이번 주말 여러분들을
위한 즐거운 시간이 많이 마련되어 있다는 것을
알려드리고 싶었습니다. 토요일, 20-30대 그룹
은 오전 10시에 휴스턴 어린이 박물관에서 만
납니다. 우리는 위층으로 올라가기 전에 건물
내 대형 소방차 근처에서 모일 것입니다. 그곳
에 와본 적이 없는 분들을 위해, 메인 층에 어린
아이들을 위한 놀이 공간과 건물 전역에 걸쳐
영유아를 위한 활동들이 있습니다. 게다가, 토
요일에는 오전 11시부터 오후 2시에 특별한 레
고 전시회가 있을 것입니다. **2** 그렇게 오래 머무
르실 계획이라면, 음식을 살 수 있는 곳이 있으
며 혹은 직접 점심을 쌀 수도 있습니다.

이번 달 둘째 주 일요일에는 함께 모여 점심 식
사도 할 예정입니다. 오전 11시 30분에 88번가
에 위치한 브루스터스에서 저희와 함께 하시기
바랍니다. 서로에 대해 알기 위한 좋은 시간입
니다. **3** 일요일에 올 계획이시라면, 804-5115
로 전화하시거나 이 이메일에 회신함으로써 저
에게 알려주십시오. 그래야 얼마나 많은 분들이
올 계획인지 짐작할 수 있습니다. 아직 확실하
지 않더라도 이 또한 제게 알려주시기 바랍니
다. 얼마나 많은 분들을 예상해야 하는지 브루
스터스에 알릴 수 있도록 도와주시기 바랍니다.

감사합니다.

타라 브라운

어휘 | remind everyone that 모든 이들에게 ~을
알리다   gather 모이다, 모으다   go upstairs 위층
으로 올라가다   play area 놀이 공간   activities
for ~을 위한 활동   toddlers and older children
영유아들   throughout 도처에, 줄곧   in addition
게다가   stay that long 그렇게 오랫동안 머무르다
get to know each other 서로를 알게 되다   reply
to this e-mail 본 이메일에 답신을 보내다   if you
are a maybe 아직 확실하지 않더라도   as well (문
장 끝) 역시, 또한

1. 주제 & 목적 ★★

해설 | 첫 번째 단락에서 인사 이후에 이번 주말에 계획된 일정에 대해 소개하고 있으므로 (B)가 일치하여 정답이다.

이메일의 목적은 무엇인가?
(A) 어린이 박물관의 개장을 알리는 것
(B) 이메일 수신자들에게 다가오는 행사를 알리는 것
(C) 다가오는 점심 식사에 대한 기부금을 요청하는 것
(D) 회원들에게 필수 회원비에 대해 알리는 것

정답 | (B)

2. 요청 & 제안 ★★

해설 | 브라운이 이메일 수신자들에게 제안한 것을 묻는 요청 & 제안 문제이다. 토요일에 대한 내용은 첫 번째 단락에 해당한다. 마지막 문장인 There is a place to get food, or you can bring your lunch with you if you plan to stay that long. 에서 오래 머물 사람은 점심을 가져올 수 있다고 하므로 (B)가 정답이다.

브라운 씨가 토요일에 이메일 수신자들이 가져오기를 제안하는 것은 무엇인가?
(A) 약간의 옷
(B) 간단한 점심
(C) 입장료를 위한 현금
(D) 우산

정답 | (B)

3. 세부 정보 파악 ★★

해설 | 브라운이 사람들에게 이메일 답변을 원하는 이유를 묻는 육하원칙(Why) 문제이다. 두 번째 단락의 If you are planning to come on Sunday, please let me know by calling me at 804-5115 or by replying to this e-mail so that I can have an idea of how many to plan on. If you are a maybe, please let me know this as well. That will help me let Brewster's know how many to expect.에서 Brewster's에 몇 명이 올지 알아야 하기 때문에 참석 여부를 알려줄 것을 원하고 있으므로 (D)가 일치하여 정답이다.

브라운이 사람들에게 이메일에 응답하기를 원하는 이유는 무엇인가?
(A) 토요일에 참석할 의사를 나타내도록
(B) 다음달의 점심 행사 준비에 자원하도록
(C) 단체 활동의 성공에 대한 피드백을 주도록
(D) 일요일 점심에 대한 그들의 계획을 그녀에게 알려주도록

정답 | (D)

02강 기사(Article)

Practice 2

문제 4-6번은 다음 기사를 참조하시오.

상하이 비즈니스 리포트

3월 7일

비즈니스 저널이 인정한 샹강 회계

4 *Taiwan Finance Monthly* 4월호는 샹강 회계에 초점을 맞추고 있다. 이 명성 있는 기업은 *Taiwan Finance Monthly* 기사에 의해 아시아에서 주목받는 5대 최고 회계 법인으로 다뤄질 것이다. 최고 경영자 존 찬은 약 4년 전 회사를 창업하기에 앞서, 10년간 로스앤젤레스에 있는 실버맨 엔터프라이지즈에서 회계부장으로 근무했었다. 그가 실버맨 엔터프라이지즈에서 이뤄낸 성공은 고국인 타이완에서도 동일한 성공을 거둘 수 있으리라는 영감을 주었다. **6** 샹강 회계는 타이페이, 베이징, 런던, 베를린에 지사를 둔 국제 기업으로 발전하였다. 보도에 따르면, 찬 씨는 늦어도 올 11월까지 서울에 또 하나의 지사를 개설할 예정이다. **5** 이 월간지에서는 샹강 회계가 단기간에 회계 분야의 다른업체들을 추월할 수 있도록 한 원동력은 바로 고품질의 고객 서비스에 초점을 맞추는 점에 있다고 전한다.

어휘 | issue (출판물의) 호 reputable 명성 있는. 평판이 좋은 feature 특집 기사, 특집; 특집 기사로 다루다, 특징을 이루다 evolve into ~으로 진화하다 at the latest 늦어도 overtake 따라 잡다, 추월하다 notable 훌륭한, 유명한 headquarters 본사, 본부 key to ~의 열쇠, 핵심

4. 주제 & 목적 ★★

해설 | 기사의 목적은 초반부에서 언급되는 것이 일반적이다. 기사 시작과 함께 April's issue of

Taiwan Finance Monthly will focus on Shang Kang Accounting. This reputable firm will feature in *Taiwan Finance Monthly* 's top five accounting firms to watch in Asia.라고 언급된 내용을 통해 이 기사의 목적은 아시아 5대 회계 법인으로 주목받는 유명 기업인 상강 회계에 대한 내용을 다루려는 것임을 알 수 있으므로 정답은 (A)가 된다.

이 기사의 목적은 무엇인가?
(A) 유명한 기업을 소개하는 것
(B) 사업 실패의 원인을 설명하는 것
(C) 글로벌 기업이 어떻게 활동하는지 논의하는 것
(D) 아시아에서 가장 오래된 제약 회사들을 열거하는 것

정답 | (A)

5. 사실 확인(True) ★★★

해설 | 기사문 하단에서 The journal feature says that it is the focus on high-quality customer service that has enabled Shang Kang Accounting to overtake its competitors in the accounting business in such a short amount of time.이라고 언급된 내용을 통해 상강 회계가 단기간 내에 동일 업종 경쟁사들을 추월할 수 있었던 힘은 바로 고품질의 고객 서비스에 있었음을 밝히고 있다. 따라서 (C)가 정답이다.

상강 회계에 대해 사실인 것은 무엇인가?
(A) 창업자는 회사가 제공하는 회계 서비스 품질이 불만족스러웠다.
(B) 본사는 실버맨 엔터프라이지즈 근처에 있다.
(C) 고객 서비스가 성공의 핵심이다.
(D) *Taiwan Finance Monthly*로부터 상을 받았다.

정답 | (C)

6. 세부 정보 파악 ★★

해설 | 상강 회계의 지사가 없는 곳을 묻는 세부 정보 파악 문제이다. 현재 상강 회계가 지사를 보유하고 있지 않은 도시에 대해 묻고 있으므로 지문에서 도시 이름이 소개되는 부분을 중심으로 단서를 파악하는 것이 현명하다. 기사 중반에서 Shang Kang Accounting has evolved into a global corporation that has offices in Taipei, Beijing, London, and Berlin.이라고 언급된 내용을 통해

현재 타이페이, 베이징, 런던 그리고 베를린에 지사가 있음을 알 수 있으며, 이어서 등장하는 Reports suggest that Mr. Chan plans to open another office in Seoul by November of this year at the latest.에서 올 11월까지는 서울에도 지사를 개설할 계획임을 밝히고 있다. 따라서 현 시점에서 상강 회계가 지사를 보유하고 있지 않은 곳은 서울임을 파악할 수 있으므로 정답은 (A)가 된다.

현재 상강 회계가 지사를 가지고 있지 않은 곳은 어디인가?
(A) 서울
(B) 타이페이
(C) 베를린
(D) 런던

정답 | (A)

03강 공지(Notice)

Practice 3

문제 7-9번은 다음 공지를 참조하시오.

> 모든 직원들에게 알립니다.
>
> **7** 우리의 네트워크 방화벽 시스템의 필수 정비 및 테스트로 인해 6월 25일 수요일 아침 6시부터 오후 2시까지 회사 컴퓨터 네트워크에 접속할 수 없습니다. 본 가동 정지에 따라 계획을 세워두시기 바랍니다.
>
> **8** 이 작업 도중 당신의 정보가 손상될지도 모르기 때문에, 네트워크 드라이브에 저장한 파일이 있는 경우 반드시 이 파일들을 외장 드라이브에 백업해 두시길 바랍니다. 6월 25일 수요일 이후에는 모든 정보의 복구를 보장할 수 없습니다.
>
> **8, 9** 시간을 최대한 활용하기 위하여, 질문이 있는 경우 우선 우리 웹사이트 ServiceDesk.com의 FAQ로 가길 요청합니다. **9** 당신의 질문이 이 리스트에서 다뤄지지 않은 경우에는, (454) 334-4455번으로 서비스 데스크에 전화하시거나 service_desk@mail.com으로 이메일을 보내시기 바랍니다.
>
> - 서비스 데스크 팀

어휘 | access to ~으로의 접근 unavailable 이용이 불가능한 required maintenance 필수 정비 firewall 방화벽 plan accordingly 그에 따라 계획을 세우다 outage 정전, (기계의) 가동 정지

external drive 외장 드라이브 compromise 타협
하다, 훼손하다 guarantee 보장하다 retrieval
(데이터) 복구 utilize 이용하다(= use)
Frequently Asked Questions 자주 묻는 질문들
(FAQ) address 다루다(= handle), 연설하다

7. 세부 정보 파악 ★★

해설 | 네트워크를 이용할 수 없는 이유를 묻는 육
하원칙(Why) 문제이다. 첫 문장의 내용을 요약하
면, 네트워크 점검으로 인해 특정 시간 동안 회사의
컴퓨터 네트워크를 이용하지 못한다는 것으로 (D)
가 일치하여 정답이다.

네트워크를 이용할 수 없는 이유는 무엇인가?

(A) 바이러스가 다운로드되었다.
(B) 몇몇 오래된 컴퓨터를 교체하고 있다.
(C) 국경일을 지키고 있다.
(D) 안전 점검과 업데이트가 진행되고 있다.

정답 | (D)

8. 요청 & 제안 ★★★

해설 | 수령인들이 지시받은 것을 묻는 요청, 제안
문제이다. 지문의 요청 사항은 두 번째 단락의 첫 문
장에서 파일을 외장 드라이브에 백업해 둘 것과, 세
번째 단락의 첫 문장에서 질문이 있으면 우선 웹사
이트의 FAQ란을 보라는 것인데, 보기엔 전자 부분
이 언급되어 있는 (C)가 정답이다.

수령인들이 지시받은 것은 무엇인가?

(A) 컴퓨터를 끌 것
(B) 네트워크에 모든 파일을 저장할 것
(C) 파일들의 2차 사본을 만들 것
(D) 상사에게 연락할 것

정답 | (C)

9. 세부 정보 파악 ★★★

해설 | 서비스 데스크에 먼저 연락하지 않도록 권고
되는 이유를 묻는 육하원칙(What) 문제이다. 세 번
째 단락을 요약하면, 질문이 있으면 우선 FAQ란으
로 가고, 그곳에 원하는 내용이 없으면 서비스 데스
크에 연락하라는 것으로, 이는 웬만한 내용들은
FAQ에 다뤄져 있다는 것을 의미한다. 따라서 (B)가
가장 적합하다.

서비스 데스크에 먼저 연락하지 않도록 권고되는
이유는 무엇인가?

(A) 질문에 답변할 수 있는 사람이 아무도 없다.
(B) 질문에 대한 답변은 온라인으로 준비되어 있다.
(C) 모든 질문은 상사에게 전달되어야 한다.
(D) 서비스 데스크는 이 문제에 대한 질문에 응답하
지 않을 것이다.

정답 | (B)

04강 온라인 채팅문(Online Chat Discussion)

Practice 4

문제 10-12번은 다음 온라인 채팅문을 참조하시오.

제리 칼딘 오후 2시 01분	**10** 9월은 항상 우리 마케팅 팀에게 중요한 달입니다. 이번 9월, 우리는 잠재 고객들에게 회사의 50주년 기념일을 광고해야 하는데요. 여러분들 제안이 있습니까?
모건 배리 오후 2시 05분	뉴욕 위주로 나가는 출판물에 전면 광고를 게재하는 것이 가장 좋을 것 같습니다.
도노반 타이탄 오후 2시 08분	**11** 우리 시장이 청소년 위주라 인쇄 광고가 큰 영향을 미칠 거라 생각하지 않습니다. 프라임타임에 지역 내에서 보여줄 짧은 30초 영상 광고를 촬영하는 것이 가장 좋을 것 같은데요.
애슐리 신델 오후 2시 11분	TV 광고는 가격이 만만치 않아요. 지역의 이용자들에게 특별히 마케팅하는 소셜미디어 캠페인은 어떻습니까?
로라 워커 오후 2시 12분	동의해요! 소셜 미디어는 엄청납니다. 또한 참여를 늘리기 위해 무료 콘텐츠를 제공할 수도 있지요.
모건 배리 오후 2시 15분	저도 소셜미디어 개념을 좋아합니다. 그것은 여전히 제 처음의 광고 아이디어와 맥락을 같이 하죠. **12** 제가 그것의 개요를 잡아보죠!
제리 칼딘 오후 2시 17분	좋아요! 우리가 한 팀으로 결정을 내린 것이 너무 좋네요. 이것은 큰 협력이 될 것입니다. 어서 광고를 보고 싶군요.

어휘 | potential client 잠재 고객 put out a
full-page ad 전면 광고를 내다 publication 인쇄
물 youth oriented 청소년 위주인 costly 비싼
specifically to ~에게 특별히 giveaway content

무료 콘텐츠 increase engagement 참여를 높이다 draw up 구상하다, 준비하다 cannot wait to do 빨리 ~하고 싶다

10. 세부 정보 파악 ★★

해설 │ 제리가 팀원들에게 연락을 한 이유를 묻는 육하원칙(Why) 문제이다. 오후 2시 01분의 This September, we need to advertise the 50th anniversary of the company to potential clients.에서 회사의 창립 50주년 기념 행사를 잠재 고객들에게 알려야 한다고 하므로 (B)가 정답이다.

왜 제리는 그의 팀원들에게 연락을 했는가?
(A) 다양한 신문사들을 비교하기 위해
(B) 어느 기념 행사 홍보에 대한 의견을 모으기 위해
(C) 뉴욕으로의 회사 이전에 대해 물어보기 위해
(D) 앞으로 있을 회사 야유회에 대해 논의하기 위해

정답 │ (B)

11. 세부 정보 파악 ★★★

해설 │ 도노반이 TV 광고를 옵션으로 제안한 이유를 묻는 육하원칙(Why) 문제이다. 오후 2시 08분의 Because our market is youth oriented, I don't think a print advertisement will make a big impact.에서 주 계층에게 인쇄 광고가 영향을 주지 않을 것이라고 여긴다고 하므로 (C)가 일치하여 정답이다.

도노반은 왜 TV 광고를 옵션으로 제안하는가?
(A) 회사는 신속하게 비디오를 제작할 수 있다.
(B) 회사는 TV 프로덕션 전문 회사이다.
(C) 타깃 계층이 인쇄 광고에 관심이 없다.
(D) 회사 직원들은 일하면서 TV 시청을 즐긴다.

정답 │ (C)

12. 의도 파악 ★★

해설 │ 특정 문구에 대한 의미를 파악하는 신유형 문제이다. 제시된 표현인 draw up은 outline and prepare(개요를 잡고 준비하다)라는 의미로 선지 중엔 (C)가 일치하여 정답이다.

오후 2시 15분에 모건이 "I can draw it up"이라고 쓸 때 암시하는 바는 무엇이겠는가?
(A) TV 광고 대본을 쓰기 시작할 것이다.

(B) 캠페인을 위한 스티커를 만들 것이다.
(C) 소셜미디어 광고의 개요를 잡아볼 것이다.
(D) 캠페인을 구상하기 위해 일찍 퇴근할 것이다.

정답 │ (C)

05강 문자 메시지(Text Message Chain)

Practice 5

문제 13-14번은 다음 문자 메시지를 참조하시오.

시드니 잭슨 오후 6시 42분	**13** 모델 중 한 명이 의도치 않게 오늘 밤 패션쇼에 사용할 블랙 이브닝 드레스를 찢어 버렸는데요. 찢어진 드레스를 새 드레스로 교체해야 하는데요. 대체 드레스로 어떤 드레스를 사용해야 할까요?
미셸 램지 오후 6시 43분	오, 안돼요! 끔찍하네요. 쇼는 오후 7시에 시작되며, 그녀는 런웨이를 걷는 첫 모델들 중 하나입니다. 네이비 블루 볼가운으로 교체하세요. 그녀의 드레스는 어두운 색이어야 합니다. 다른 모델은 더 밝은 색상을 입을 겁니다. 우리는 같은 색상 팔레트를 고수해야 합니다. 파란 드레스를 꺼내기 전에 무대 관리자에게 물어보세요.
시드니 잭슨 오후 6시 45분	모든 무대 관리자들은 지금 메모를 검토할 수 있는 마지막 회의 중입니다. **14** 그들이 나올 때 확인해 볼게요!

어휘 │ accidentally 의도하지 않게, 고의성 없이 tear 찢다 replace A with B A를 B로 대체하다 replacement 대체물 awful 끔찍한(= very bad) runway (패션쇼 무대) 런웨이 stick to ~을 고수하다 stage manager 무대 관리자 last-minute meeting 막판 회의

13. 세부 정보 파악 ★★★

해설 │ 잭슨 씨가 램지에게 걱정을 표현하는 이유를 묻는 육하원칙(Why) 문제이다. 오후 6시 42분 메시지를 요약하면, 모델이 중요한 의상을 망가뜨려 급히 교체를 해야 한다는 것으로 (B)가 일치하여 정답이다.

잭슨 씨는 왜 램지 씨에게 걱정을 표현하는가?
(A) 중요한 모델 한 명이 없어졌다.
(B) 드레스 하나를 즉각적으로 교체해야 한다.

(C) 런웨이가 아직 준비되지 않았다.
(D) 일부 드레스들이 모델들에게 너무 작다.

정답 | (B)

14. 의도 파악 ★★

해설 | 특정 문구의 의도를 파악하는 신유형 문제이다. 제시된 표현 속의 them, they는 모두 막판 회의에 들어간 무대 관리자들이므로, 문맥상 회의가 끝나고 나오면 물어보겠다는 (C)가 정답이다.

오후 6시 45분에 잭슨 씨가 "I will check with them when they get out"이라고 말할 때 암시하는 바는 무엇이겠는가?
(A) 몇 벌의 새 드레스를 직접 입어볼 것이다.
(B) 다른 모델들과 그 문제를 논의할 것이다.
(C) 회의가 끝난 후 무대 관리자들에게 말해 볼 것이다.
(D) 쇼를 한 달 정도 연기할 것이다.

정답 | (C)

06강 광고(Advertisement)

Practice 6
문제 15-16번은 다음 광고를 참조하시오.

> ★폐점 - 점포정리 세일!★
>
> 매장의 문을 닫으려고 합니다
> …모든 품목 50~75% 세일!
>
> **16 15년의 영업 후에, 존슨스 레더가 문을 닫습니다.** 저희의 점포정리 세일은 현재 매장에서 판매되는 모든 품목에 적용됩니다. 품목은 50-75퍼센트 사이에서 개별 할인됩니다. **15 들어오셔서 다양한 종류의 재킷, 코트, 장갑, 지갑, 벨트, 그리고 더 많은 것들을 둘러보세요!**
>
> 키플링 대로와 리틀턴 13번가의 코너에 위치한 아스펜 쇼핑 센터에서 저희를 찾으세요. 저희 매장은 3월 말까지 월요일부터 토요일, 오전 10시부터 저녁 8시까지 문을 열고, 그 이후에는 더 이상 영업하지 않습니다.

어휘 | liquidation sale 점포정리 세일 after 15 years of business 15년의 영업 끝에 apply to ~

에 적용되다 individually 개별적으로 browse 둘러보다 a large selection of 많은 종류의 no longer in business 더 이상 영업하지 않는

15. 세부 정보 파악 ★★

해설 | 세부 정보 파악의 육하원칙(What) 문제이다. 첫 번째 단락의 Come in and browse our large selection of jackets, coats, gloves, wallets, belts, and much more!를 통해 (B)가 정답임을 어렵지 않게 알 수 있다.

존슨스 레더는 어떤 종류의 업체인가?
(A) 가구점
(B) 의류점
(C) 영농 용품점
(D) 원예 용품점

정답 | (B)

16. 세부 정보 파악 ★★★

해설 | 세부 사항 파악의 육하원칙(What) 문제이다. 제목 부분과 첫 문장인 After 15 years of business, Johnson's Leather is closing its doors.를 통해 폐업 정리 차원에서 할인에 들어간 것을 알 수 있으므로 (C)가 정답이다.

매장이 현재의 프로모션을 진행하는 이유는 무엇인가?
(A) 새로운 위치에 오픈하려 한다.
(B) 신제품 라인을 드러내고 있다.
(C) 폐업할 것이다.
(D) 휴일 동안 문을 닫는다.

정답 | (C)

07강 정보(Information)

Practice 7
문제 17-19번은 다음 정보문을 참조하시오.

> 무료 셔틀버스 서비스
> **17 밀턴 호텔 - 덜레스**
>
> **17 저희는 고객님께 덜레스 국제공항을 오가는 무료 셔틀버스 서비스를 제공합니다.** 셔틀버

스는 오전 6시부터 밤 10시까지 호텔에서 매 45분마다 출발하고, 다른 시간에는 요청에 따라 출발합니다. **19** 오전 6시 45분에서 밤 10시 45분까지 승객 픽업 구역에서 출발하는 동일한 셔틀버스가 비슷한 스케줄로 고객님들을 호텔로 모셔올 것입니다. **18** 이 시간대 이외의 교통편을 요청하기 위해서는 (342) 334-5523번인 저희 교통편 회선으로 전화하시기 바랍니다.

어휘 | complimentary shuttle 무료 셔틀버스 to and from ~을 오가는 depart the hotel 호텔을 떠나다 by request 요청에 따라 bring A to B A를 B로 데려가다 on a similar schedule 동일한 일정으로 request transportation 교통편을 요청하다 time window 시간대

17. 주제 & 목적 ★★

해설 | 주제 및 목적을 묻는 문제이다. 제목 부분의 Milton Hotel – Dulles 부분과, 첫 문장인 We offer our guests a complimentary shuttle service to and from Dulles International Airport.를 통해 호텔에서 공항을 오가는 셔틀버스 서비스에 대한 안내임을 알 수 있으므로 (B)가 정답이다.

정보문의 주제는 무엇인가?
(A) 덜레스 공항 안전 규칙
(B) 밀턴 호텔 도착 및 출발
(C) 밀턴 호텔의 취소 정책
(D) 서비스 중단

정답 | (B)

18. 세부 정보 파악 ★★★

해설 | 호텔 고객이 전화한 이유를 묻는 육하원칙 (What) 문제이다. 마지막 문장인 To request transportation outside these time windows, please call our transportation line at (342) 334-5523.에서 정해진 시간대 이외에 교통편이 필요한 경우는 직접 전화하라고 하는데, (A)의 새벽 4시가 그에 해당하는 시간으로 정답이다.

호텔 고객이 교통편 회선으로 전화하는 이유는 무엇이겠는가?
(A) 새벽 4시에 공항에 도착하기 위하여
(B) 공항으로 가는 길 안내를 얻기 위하여

(C) 셔틀버스 요금을 요청하기 위하여
(D) 지역 일기 예보를 듣기 위하여

정답 | (A)

19. 사실 확인(Not True) ★★★

해설 | 정보문에 언급되지 않은 것을 묻는 사실 확인(Not True) 문제이다. The same shuttle will bring guests to the hotel on a similar schedule, departing from the passenger pickup area from 6:45 A.M. to 10:45 P.M.에서 승객 픽업 구역에서 출발하는 셔틀버스가 오후 10시 45분까지 운행되고 있으므로 (B)는 사실이 아니다. (A), (C), (D)의 내용은 모두 지문에서 확인할 수 있다.

정보문에 언급되지 않은 것은 무엇인가?
(A) 무료 셔틀버스는 호텔에서 매 45분마다 출발한다.
(B) 오후 10시 이후에는 셔틀버스를 이용할 수 없다.
(C) 무료 셔틀버스는 호텔과 덜레스 국제공항을 오간다.
(D) 무료 셔틀버스는 두 개 노선으로 운행되고 있다.

정답 | (B)

08강 편지(Letter)

Practice 8

문제 20-22번은 다음 편지를 참조하시오.

아디오스 엔터프라이즈
코퍼릿 웨이 335번지
시카고, 일리노이 주 55234

2월 20일

20 소중한 고객님께,

저희 본사와 제조 공장의 주소가 변경됨을 알려드리기 위해 편지를 보냅니다. 현재, 본사와 공장은 모두 일리노이 주 시카고에 위치해 있습니다. **22** 일리노이 주의 영업세와 재산세 상승으로 인해, 다른 지역으로 이전하는 것이 최선이라는 결정을 내렸습니다. **21** 본사는 곧 미주리 주 세인트루이스에 자리를 잡을 것이고, 아울러 제조 공장은 미주리 주 캔자스시티로 이전할 것입니다.

회사 웹사이트와 이메일 주소뿐 아니라 모든 전화와 팩스 번호는 변함이 없을 것입니다. 유일한 변화는 (첨부된 양식에 적혀 있는) 실제 주소뿐일 것입니다. 4월 1일부터는 반드시 이 새로운 장소로 모든 서신을 보내주십시오. 저희는 우편물 수령지 전송 서비스에 대해 비용을 지불하지 않으므로, 이 날짜 이후에 이전 주소로 보낸 모든 편지들은 배달 불가로 고객님께 반송될 것입니다.

어떠한 질문이나 관심사라도 있다면, 주저 마시고 (925) 144-3345번으로 연락주십시오.

밥 윈터스
아디오스 엔터프라이즈 CEO

어휘 | inform A of B A에게 B를 알리다
company headquarters 본사 due to ~ 때문에
relocate 이전하다, 이동시키다 A as well as B B 뿐만 아니라 A도 the attached form 첨부된 양식
mail forwarding service 우편물 수령지 전송 서비스

20. 글의 대상 ★★

해설 | 글의 대상 문제이다. 글의 대상을 묻는 문제는 보통 글의 초반부에서 단서를 찾을 수 있다. 여기서는 Dear valued customers에서 고객들을 대상으로 한다는 것을 알 수 있으므로 (A)가 정답이다. 어떤 문제는 valued customers가 신규 고객들이 아닌 기존의 고객들만을 지칭하는 경우도 있지만, 여기서는 그런 내용이 따로 언급되어 있지 않다.

편지는 누구를 대상으로 한 것인가?

(A) 회사의 모든 고객들
(B) 미주리 주에 거주하는 사람들
(C) 기업 소유주들
(D) 모든 신입사원들

정답 | (A)

21. 세부 정보 파악 ★★★

해설 | 세부 사항 파악의 육하원칙(What) 문제이다. (A), (C), (D)는 언급되지 않은 내용이다. 두 번째 단락 첫 문장인 All phone and fax numbers as well as our company Web site and e-mail addresses will remain the same.에서 전화, 팩스, 그리고 회사의 웹사이트 주소는 변하지 않았다는 점에 유의해야 한다. 또한 첫 번째 단락 마지막 문장인 Our headquarters will soon be located

in St. Louis, MO, while our manufacturing plant will be relocating to Kansas City, MO.에 본사의 새로운 위치 정보가 언급되어 있으므로 (B)가 정답이다.

편지에 포함된 정보는 무엇인가?

(A) 새로운 직원 명부
(B) 새로운 위치 정보
(C) 새로운 웹사이트 주소
(D) 윈터스 씨의 명함

정답 | (B)

22. 세부 정보 파악 ★★★

해설 | 세부 정보 파악의 육하원칙(What) 문제이다. 첫 번째 단락 세 번째 문장인 Due to an increase in business and property taxes in the state of Illinois, we have decided it would be best for us to relocate to a different area.에서 일리노이 주의 세금 인상으로 인해 이전하게 되었다고 하므로 (A)가 내용과 일치한다.

편지에서 상세히 말하는 장소 이전의 이유는 무엇인가?

(A) 현재의 위치에서 비용이 오르고 있다.
(B) 회사의 제조 부문이 더 많은 공간을 필요로 한다.
(C) 회사가 사업상 급격한 하락세를 겪었다.
(D) 변화는 오직 개인적인 이유 때문이다.

정답 | (A)

09강 회람(Memo)

Practice 9

문제 23-25번은 다음 회람을 참조하시오.

23 수신: 모든 영업 사원들
발신: 켄지 매튜스, 영업부장
날짜: 2월 12일

25 (A), (B) 우리는 올해 3월 4일-7일 사이에 런던에서 열리게 될 전국 취업박람회에 참여할 것입니다. 이 기간 동안 우리 프리미어 페이퍼 사의 부스에서 회사를 대표할 세 명의 영업사원을 찾고 있습니다. 우리는 매년 이 취업박람회에서 마주하는 여러 명의 지원자를 채용하게 되므로

우리 회사에게는 매우 중요한 행사입니다. 부스에 있는 직원으로서, 여러분은 4시간 교대근무를 하게 될 것입니다. 각 교대근무에는 영업부, 마케팅부 그리고 고위 경영진들로부터 각각 1명씩이 근무하게 될 것입니다. **25 (D) 여러분은 다음과 같은 질문의 답변에 준비되어 있어야 합니다.**

- 급여 규모 (특히 영업 수당)
- 출장 스케줄
- 업무량
- 프리미어 페이퍼 사의 브랜드 가치

담당 업무와 가족을 4일 동안 두고 가는 것이 어려운 일이라는 것을 알기에, **24 이번 행사에서 우리 회사를 대표하는 직원들에게 인센티브를 제공하려 합니다. 그 박람회에 참여하는 영업사원들에게는 추가 3일의 휴가를 드릴 것입니다.** 이번 기회에 자신이 참여하는 것을 고려해 보실 분들은 제게 이메일(kmatthews@premierpaper.com)로 연락하시기 바랍니다.

어휘 | sales associate 영업 사원 sales manager 영업부장 take part in ~에 참여하다 career fair 취업박람회 representative 대표, 직원 end up -ing ~하는 결과로 끝나다 candidate 지원자 utmost importance 최고의 중요성 4-hour shift 4시간 교대 upper management 고위 경영진 pay scale 급여 규모 especially 특히 sales commission 영업 수당 workload 업무량 offer an incentive 인센티브를 제공하다 grant 주다, 허락하다

---

23. 글의 대상 ★★

해설 | 회람의 대상을 묻는 글의 대상 문제이다. 글의 대상 문제는 지문 맨 위의 수신자와 발신자 부분이나 글의 첫 문단 쪽에서 대부분 쉽게 확인된다. To: All Sales Associates라는 부분을 통해 영업부 직원들에게 보내는 것임을 확인할 수 있으므로 (D)가 적합하다.

이 회람은 누구를 대상으로 하는가?

(A) 대학 이사회 임원들
(B) 앞으로 있을 영업 회의의 발표자들
(C) 유급 인턴들
(D) 특정 부서의 직원들

정답 | (D)

---

24. 세부 정보 파악 ★★★

해설 | 행사 참여 직원들의 혜택에 대해 묻는 세부 정보 파악의 육하원칙(What) 문제이다. 매튜스에게 연락하라는 내용은 마지막 문장인데, 그 바로 앞 부분에 나오는 we are offering an incentive ~: we will grant an extra 3 vacation days to those sales associates who attend the fair.가 그 혜택에 해당하며 선지 (C)가 일치한다.

이번 행사에 참여하면 어떤 혜택이 주어지는가?

(A) 급여 인상
(B) 분기말 보너스
(C) 추가적인 유급 휴가
(D) 며칠간의 단축 근무

정답 | (C)

---

25. 사실 확인(Not True) ★★★

해설 | 행사와 관련 없는 사항을 묻는 Not True 문제이다. (A)와 (B)는 첫 줄의 the National Career Fair to be held in London this year on March 4-7에, (D)는 두 번째 단락의 You should be ready to answer questions concerning:에 나타나 있다. 그러나 (C)는 언급된 부분이 없으므로 정답이다.

행사에 대해 언급되지 않은 것은?

(A) 장소
(B) 개최 날짜
(C) 참가 회사들
(D) 참가자들의 업무

정답 | (C)

10강 이중 지문(Double Passages)

Practice 10

문제 26-30번은 다음 정보와 이메일을 참조하시오.

> **스피치 마스터스**
>
> **26 지난 50여 년 동안 스피치 마스터스는 수백만의 전문직 남녀가 대중 앞에서 발표를 하는데 좀 더 자신감을 갖도록 도왔습니다. 저희 클럽 네트워크와 그들의 실습 프로그램은 틀림없이 당신이 더 나은 발표자나 리더가 되도록 도울 것입니다. 저렴하며 재미도 있습니다!**
>
> 아르바다 스픽이지는 매주 화요일 저녁 6시 30

분부터 8시 사이에 밀턴 호텔의 컨퍼런스룸 C 에서 만납니다. 방문객이건 게스트건 항상 환영 합니다. 처음 방문하실 때, 스피치 마스터스의 회원이 되는 방법을 가르쳐드릴 안내 자료집을 반드시 수령하시기 바랍니다.

아래에 앞으로의 미팅 일정과 대화의 주제가 있 습니다.

3월 3일 – 관심을 사로잡는 오프닝 멘트 만들기
4월 4일 – 당신의 청중을 겨냥한 올바른 어조
　　　　　 선택
5월 8일 – 초조함 다스리기
6월 2일 – 현명하고 생각을 불러일으키는 마무
　　　　　 리 멘트 만들기
27 7월 1일 – 효율적인 방식으로 통계 데이터
이용하기

상세한 정보는 제이슨 스타우트에게 전화(336-2225)나 이메일(jstout@coldmail.com)로 연락주세요.
--·-----
수신: 제이슨 스타우트 <jstout@coldmail.
　　　com>
발신: 데릭 쇼 <dshaw@coldmail.com>
날짜: 4월 23일
제목: 스피치 마스터스

스타우트 씨께,

회사 사장님으로부터 스피치 마스터스 그룹에 대해 알게 되었습니다. 저는 최근에 프로젝트 매니저로 승진을 했는데, 이제 한 달에 여러 번 발표를 해야 하거든요. **28 안타깝게도 저는 거의 쓰러지기 직전까지 가는 무대 공포증으로 고생하고 있습니다.**

29 스피치 마스터스에 가입해서 이런저런 문제점들을 해결해 보고 싶습니다. 30 제게 관련된 모든 정보를 보내주시겠어요?

데릭 쇼

어휘 | confident 자신감 있는, 확실한　audience 청중, 관중　learn-by-doing program 실습 프로 그램　information packet 자료 묶음　instruct 지 도하다, 지시하다　near-crippling 쓰러지기 직전 의　stage fright 무대 공포증

26. 세부 정보 파악 ★★
해설 | 세부 정보 파악의 육하원칙(What) 문제이다. 첫 번째 지문 첫 번째 단락을 요약하면, Speech Masters는 지난 50년 동안 수많은 전문직 종사자 들이 speech에 자신감을 갖도록 도왔다고 했으므

로 (B)와 일치한다.

스피치 마스터스는 무엇을 하는가?

(A) 학생들에게 발표하는 것을 가르친다.
(B) 직장인들이 대중 앞에서 발표하는 것을 돕는다.
(C) 전문적인 네트워킹 행사를 조직한다.
(D) 웅변 대회를 조직한다.

정답 | (B)

27. 유추 & 추론 ★★★
해설 | 유추, 추론 문제이다. facts and figures는 쉽게 말해 '통계 (자료)'이다. 이와 가장 유사한 내용 의 세미나를 찾는 문제로, July 1 – Using statistical data in an effective manner 부분이 가장 적합하므로 (D)가 정답이다.

어느 세미나가 통계 자료를 이용하여 논할 것인가?

(A) 4월 4일
(B) 5월 8일
(C) 6월 2일
(D) 7월 1일

정답 | (D)

28. 세부 정보 파악 ★★★
해설 | 세부 정보 파악의 육하원칙(What) 문제이다. 두 지문을 다 봐야 풀 수 있는 문제이다. 두 번째 지 문 첫 번째 단락의 마지막 문장 I suffer from near-crippling stage fright.에서 무대 공포증을 호소하 는데, 이는 첫 지문 May 8 – Dealing with nerves 부분에 해당하여 (C)가 적합하다.

쇼 씨는 어느 세미나로부터 혜택을 얻을 수 있는가?

(A) 관심을 사로잡는 오프닝 멘트 만들기
(B) 당신의 청중을 겨냥한 올바른 어조 선택
(C) 초조함 다스리기
(D) 현명하고 생각을 불러일으키는 마무리 멘트 만
　　들기

정답 | (C)

29. 세부 정보 파악 ★★★
해설 | 세부 정보 파악의 육하원칙(Why) 문제이다. 두 번째 지문 마지막 부분에서 Speech Masters에 가입 의사를 밝히며 관련된 정보를 보내달라고 하

므로, 가입 정보를 요청한다는 (A)가 적합하다.

쇼 씨는 스타우트 씨에게 왜 연락을 취하고 있는가?

(A) 멤버십 정보를 얻기 위해
(B) 홍보 정보를 얻기 위해
(C) 미팅 정보를 얻기 위해
(D) 그를 세미나에 초대하기 위해

정답 | (A)

30. 동의어 파악 ★★

해설 | 동의어 파악 문제이다. relative information은 associated information이라고 보는 것이 가장 적합하여 (A)가 정답이다.

이메일에서, 두 번째 단락 두 번째 줄의 "relative"와 의미상 가장 유사한 것은?

(A) 관련된
(B) 의사소통된
(C) 논의된
(D) 보호되는

정답 | (A)

11강 삼중 지문(Triple Passages)

Practice 11

문제 31-35번은 다음 편지, 일정표, 그리고 이메일을 참조하시오.

3월 2일
엠마 페트리
맬로리 테라스 3007번지
오타와, ON K1A 1L1

페트리 씨께,

귀하께서 저희 퓨처컴 플라스틱웨어 주식회사의 영업팀장 직책을 맡으실 분으로 선정되었다는 사실을 알려드리게 되어 기쁘게 생각합니다. **31 4월 1일에, 귀하께서는 우리 회사의 멀베리 지점에서 근무하는 25명의 경험 많은 영업 직원들로 구성된 팀을 이끌 책임을 맡으시게 될 것입니다.** 귀하와 귀하의 팀원들은 기존의 고객 및 잠재 고객들을 대상으로 우리 회사의 휴대전화 케이스 및 액세서리 제품들을 판매하게 됩니다.

첫 정식 근무일에 앞서, 귀하께서는 반드시 직원 오리엔테이션에 참석하셔야 합니다. **32 이 오리엔테이션은 3월 28일에 멀베리 지점에서 열릴 가능성이 큽니다.** 하지만 하루 일찍 개최할 수 있는 가능성도 약간 있습니다. 하루 앞당기기로 확실히 결정할 경우, 멀베리 지점을 그날 이용할 수 없을 것이기 때문에 헥스포드 지점을 이용할 것입니다. 귀하께는 앞으로 며칠 안에 최종 확정된 상세 정보를 알려드릴 것이며, 오리엔테이션 일정표도 즉시 발송될 것입니다.

안녕히 계십시오.

파멜라 케인
인사부장
퓨처컴 플라스틱웨어 주식회사

퓨처컴 플라스틱웨어 주식회사
직원 오리엔테이션 일정
301호, **32 헥스포드 지점**

시간	교육 내용	연설자/강사
9:15 - 9:45	**34 환영사 및 오리엔테이션 소개**	**34 애런 마일즈**
9:45 - 10:45	**35 퓨처컴 플라스틱웨어 주식회사: 철학 및 연혁**	**35 트레이시 더갠**
10:45 - 12:15	**33 (A) 혁신적인 제품 디자인 및 회사만의 강점**	그렉 파커
1:30 - 2:45	**33 (B) 기존 및 잠재 구매자들과의 의사 소통**	제인 루이스
2:45 - 4:15	시간 및 효율성을 최대화하기 위한 전략	에밀리 홍
4:15 - 5:30	**33 (D) 앞으로의 프로젝트, 개발 사항 및 목표**	루크 듈리스

오리엔테이션 참가자들께서는 문의 사항이 있을 경우에 운영부장인 킴 크리스티 씨께 k_christie@futurecom.net 또는 555-2134로 연락하시기 바랍니다.

발신: 엠마 페트리<e_petrie@futurecom.net>
수신: 킴 크리스티<k_christie@futurecom.net>
날짜: 4월 1일
제목: 최근의 오리엔테이션

크리스티 씨께,

저는 멀베리 지사의 신임 영업팀장이며, 최근에 직원 오리엔테이션에 참석했습니다. 괜찮으시다면 두 가지 일에 대해 저를 도와주셨으면 합니다. **34 우선, 제가 치과 예약 때문에 마일즈 씨 연설의 시작 부분을 놓치게 되어서** 이 연설이 시작될 때 배부된 유인물이 있었는지 궁금합니다. 만일 그렇다면, 아직도 사본을 받아볼 수 있는지요? 또한, 약간 창피한 문제가 하나 있습니다. **35 회사의 설립에 관해 연설하셨던 팀장님께서 이번 주에 점심 식사를 위해 만날 것을 제안하셨습니다.** 문제는 제가 그분의 성함이 기억나지 않는다는 것이며, 아직 그 일정에 관해 들은 바가 없습니다. 그 팀장님의 성함과 내선 번호를 제게 좀 알려주시겠습니까? 대단히 감사합니다.

안녕히 계십시오.

엠마 페트리

어휘 | be delighted to do ~해서 기쁘다 inform A that A에게 ~라고 알리다 be selected to do ~하도록 선정되다 fill (자리 등)을 채우다 role 역할 assume responsibility for ~에 대한 책임을 맡다 sales representative 영업 직원 location 지점, 위치 both A and B A와 B 둘 모두 existing 기존의 potential 잠재적인 prior to ~에 앞서 official 공식적인, 정식의 attend ~에 참석하다 most probably ~할 가능성이 큰 be held at ~에서 열리다[개최되다] branch office 지점, 지사 slight 약간의 decide to do ~하기로 결정하다 move A forward by one day A를 하루 앞당기다 instead 그 대신에 unavailable 이용할 수 없는 be informed of ~에 대해 통보받다 finalized 최종 확정된 detail 상세 정보 within ~이내에 be sent out to ~에게 발송되다 promptly 즉시 address 연설 outline 개요, 개괄적 설명 philosophy 철학 innovative 혁신적인 unique 독특한, 유일한 selling point 강점 communicate with ~와 의사 소통하다 strategy 전략 maximize ~을 최대화하다 efficiency 효율(성) upcoming 다가오는, 곧 있을 development 개발, 발전 participant 참가자 contact ~에게 연락하다 recently 최근에 don't mind -ing ~하는 것이 괜찮다, ~하는 것을 꺼리지 않다 assist A with B B에 대해 A를 돕다 dental appointment 치과 예약 cause A to do A가 ~하게 만들다 miss ~을 놓치다 handout 유인물 distribute ~을 배포하다[분배하다] be able to do ~할 수 있다 slightly 약간 embarrassing 창피하게 만드는 founding 설립 suggest that ~할 것을 제안하다 get together 만나다, 모임을 갖다 recall ~을 기억하다 extension 내선 전화(번호)

31. 동의어 파악 ★★

해설 | 해당 문장에서 동사 assume의 목적어로 쓰인 responsibility는 '책임'을 뜻하며, 이 문장을 통해 상대방이 신임 영업팀장으로서 하게 될 일을 알리고 있다. 따라서 이 문장에서 assume은 '~을 맡다'라는 의미로 사용되었음을 알 수 있으며, 선지의 동사들 중에서 이와 유사한 의미로 쓰일 수 있는 것은 '~을 맡다, ~에 착수하다'라는 뜻을 나타내는 (B) undertake이다.

편지에서, 첫 번째 단락의 세 번째 줄에 있는 단어 "assume"과 의미가 가장 유사한 것은 무엇인가?

(A) 문의하다, 묻다
(B) 맡다, 착수하다
(C) 생각하다, 추정하다
(D) 들어 올리다, 인상하다

정답 | (B)

32. 유추 & 추론 ★★

해설 | 질문과 선지를 먼저 읽어둔 후, 각 선지의 내용과 관련된 정보를 지문에서 찾아 비교해 풀어야 한다. 직원 오리엔테이션에 관한 정보는 첫 번째 지문과 두 번째 지문에서 확인할 수 있는데, 행사 장소를 언급한 (A)의 경우, 행사 개최 날짜에 따라 장소가 변경될 가능성에 대해 밝힌 첫 번째 지문 두 번째 단락의 정보와 다른 내용을 말하고 있다. 점심 식사 시간에 대해 말하는 (B)의 경우, 두 번째 지문의 도표에서 해당 시간대로 생각할 수 있는 12시 15분과 1시 30분 사이의 차이는 75분이므로 역시 지문과 다른 내용을 말하는 선지임을 알 수 있다. 또한 '25명'이라는 인원은 첫 번째 지문의 첫 번째 단락에 나타난 바와 같이 엠마 페트리 씨가 이끌 팀의 직원 규모를 나타내는 수치이며, 오리엔테이션 참석 인원의 규모는 세 지문 어디에도 나타나 있지 않다. 마지막으로, (C)의 경우, 첫 번째 지문의 두 번째 단락에서 행사가 3월 28일보다 하루 앞당겨질 경우에 헥스포드 지점(Hexford branch office)에서 열린다고 했는데, 두 번째 지문 맨 위에 행사 장소로 'Hexford Branch Office'라고 표기되어 있으므로 3월 27일에 행사가 열렸다는 것을 알 수 있으므로 (C) It was held on March 27th.가 정답이 된다.

직원 오리엔테이션에 관해 사실일 가능성이 가장 큰 것은 무엇인가?

(A) 두 곳의 다른 장소에서 열렸다.
(B) 90분 길이의 점심 식사 시간이 포함되었다.
(C) 3월 27일에 열렸다.
(D) 25명의 사람들이 참석했다.

정답 | (C)

33. 세부 정보 파악 ★★

해설 | 오리엔테이션에서 다뤄진 주제와 관련된 내용은 두 번째 지문의 도표를 통해 확인 가능하다. (A)는 '제품 디자인의 특징'을 의미하는데, 이는 표의 세 번째 칸에 쓰인 Innovative Product Design에서 확인 가능한 내용이고, '고객들과의 교류'를 의미하는 (B)의 내용은 바로 다음 칸에 쓰인 Communicating with Existing and Potential Buyers에서 확인할 수 있다. 또한 '미래의 목표'를 의미하는 (D)의 내용은 마지막 칸인 Upcoming Projects, Develoment & Goals에서 확인할 수 있다. 하지만 '광고 전략'과 관련된 주제 내용은 도표에 나타나 있지 않으므로 (C) Advertising strategies가 정답이다.

직원 오리엔테이션에서 다뤄진 주제가 아닌 것은 무엇인가?

(A) 제품들의 디자인 특징
(B) 고객들과의 교류
(C) 광고 전략
(D) 미래의 목표

정답 | (C)

34. 유추 & 추론 ★★

해설 | 각 선지의 내용을 먼저 확인한 후, 이메일에 제시된 정보와 비교해 풀어야 한다. 이메일 초반부에 페트리 씨는 상대방에게 부탁할 일이 있음을 언급하면서 '마일즈 씨의 연설이 시작될 때를 놓쳤다(~ to miss the start of Mr. Myles's talk)'고 알리고 있는데, 도표를 보면 마일즈 씨의 연설이 맨 처음이므로 오리엔테이션이 시작될 때 행사 장소에 아직 도착하지 않았다는 것을 알 수 있다. 따라서 이를 '늦게 도착했다(arrived late)'라는 말로 바꿔 표현한 (D) She arrived late for the orientation.이 정답이다.

이메일에서 페트리 씨에 관해 유추할 수 있는 것은 무엇인가?

(A) 오리엔테이션에서 마일즈 씨와 이야기했다.
(B) 크리스티 씨와 잘 아는 사이이다.
(C) 예정보다 늦게 일을 시작할 것이다.
(D) 오리엔테이션에 늦게 도착했다.

정답 | (D)

35. 유추 & 추론 ★

해설 | '페트리 씨를 점심 식사에 초대한 강사'가 질문의 핵심이므로 이에 대한 정보가 제시되어 있는 세 번째 지문에서 단서를 찾아야 한다. 이 지문 중반부에 페트리 씨는 '회사의 설립에 관해 연설한 사람(The manager who spoke about the company's founding)'이 점심 식사를 함께 하자고 제안했다고 밝히고 있는데, 두 번째 지문의 도표를 보면 '회사의 설립'과 관련된 내용은 '회사의 철학과 연혁'을 주제로 한 두 번째 교육 'Futurecom Plasticware Inc.: Philosophy & History'에서 들을 수 있는 것으로 생각할 수 있으므로 이 강연의 연설자인 (A) Tracey Dugan이 정답이다.

어느 오리엔테이션 강사가 페트리 씨를 점심 식사에 초대했을 것 같은가?

(A) 트레이시 더갠
(B) 그렉 파커
(C) 제인 루이스
(D) 에밀리 홍

정답 | (A)